Gabriele Bergfelder-Boos
Pascale Berger
Ulrike Stolle

Theaterwerkstatt Französisch

Szenisches Spiel im Französischunterricht
Sekundarstufe 1 und 2

Ernst Klett Verlag
Stuttgart Düsseldorf Leipzig

Theaterwerkstatt Französisch

von
Gabriele Bergfelder-Boos, Berlin
Pascale Berger, Berlin
Ulrike Stolle, Berlin

1. Auflage 1 5 4 3 2 1 | 2008 07 06 05 04

Alle Drucke dieser Auflage können im Unterricht nebeneinander benutzt werden, sie sind untereinander unverändert. Die letzte Zahl bedeutet das Jahr dieses Druckes.
© Ernst Klett Verlag GmbH, Stuttgart 2004. Alle Rechte vorbehalten.
Das Werk und seine Teile sind urheberrechtlich geschützt. Jede Nutzung in anderen als den gesetzlich zugelassenen Fällen bedarf der vorherigen schriftlichen Einwilligung des Verlages. Hinweis zu § 52 a UrhG: Weder das Werk noch seine Teile dürfen ohne eine solche Einwilligung eingescannt und in ein Netzwerk eingestellt werden. Dies gilt auch für Intranets von Schulen und sonstigen Bildungseinrichtungen.
Internetadresse: http://www.klett-verlag.de

Druck: Gutmann + Co. GmbH, Talheim
ISBN 3-12-525653-4

Inhaltsübersicht

Einleitung: Theaterspielen im Fremdsprachenunterricht — 5

I. Übungen zu theatralen Mitteln und Techniken — 9

    1. Le corps — 10

    2. Respiration, voix, articulation — 11

    3. Rythme et mouvement — 15

    4. Espace et jeu dans l'espace — 19

    5. Tableau vivant — 21

    6. Personnage — 24

II. Unterrichtseinheiten zu drei Themenbereichen — 25

    1. Theaterspielen mit elementaren Sprachstrukturen — 26

    Premiers actes de paroles — 26

    Premières situations de communication — 28

    Jouer avec des éléments linguistiques — 30

    2. Theaterspielen mit poetischen Texten — 32

    « Il était un petit navire » — 32

    Axelle Red : « Les voisins » — 35

    Boby Lapointe : « Ta Katie t'a quitté » — 38

    Jacques Prévert : « Il faut passer le temps » — 40

    3. Theaterspielen mit handlungsorientierten Kurztexten — 43

    « Cendrillon » — 43

    Pierre Gamarra : « Le ski » — 47

    Jean de la Fontaine : « Le corbeau et le renard » — 51

III. Kopiervorlagen — 55

IV. Glossar — 77

Übersichtstabelle

Thematische Einheiten	Textsorte	Einsatzniveau	Schwerpunkte der Theaterarbeit	Kopiervorlagen
Premiers actes de paroles	Minidialoge	Jahrgangsstufen 5, 7, 9	Bewegung, Rhythmus	KV 1, 2.1, 2.2
Premières situations de communication	Lehrwerktexte, Schülerproduktionen	Jahrgangsstufen 5, 6, 7 bzw. 9	Tableautechnik, Statuentheater Diashow	
Jouer avec des éléments linguistiques	Lied / Schülerproduktionen	Jahrgangsstufen 5 bis 10	Bewegung, Rhythmus, Musik, Stimme, Sprache	KV 3
Il était un petit navire	Volkslied	Jahrgangsstufen 6 bis 8	Bewegung, Rhythmus, Musik, Stimme, Tableautechnik	KV 4, 5, 6, 7
Les voisins	Lied	Jahrgangsstufen 9 bis 11	Bewegung, Raum, Rhythmus, Stimme, Sprache, Musik, Figurenfindung, Spiel mit Gegenständen	KV 8, 9
Ta Katie t'a quitté	Lied	Jahrgangsstufen 9 bis 12	Rhythmus, Musik, Stimme, Sprache Memorieren von Texten	KV 10
Il faut passer le temps	Gedicht	Jahrgangsstufen 8 bis 10	Rhythmus, Tableautechnik, Sprache, Figurenfindung	KV 11
Cendrillon	Märchen	Jahrgangsstufen 9 und 10	Tableautechnik, Statuentheater Diashow	KV 12
Le ski	Fabel	Jahrgangsstufen 9 und 10	Bewegung, Körper, Sprache	KV 13, 14, 15
Le corbeau et le renard	Fabel	Jahrgangsstufen 8 bis 12	Rhythmus, Sprache, Figurenfindung	KV 16, 17.1, 17.2, 18

Einleitung

Theaterspiel im Fremdsprachenunterricht

„Theaterwerkstatt Französisch" lädt Lehrende und Lernende ein, neue Formen des Sprachenlernens zu entdecken: das Spiel mit dem Rhythmus, dem Klang und der Melodie der Sprache, das Umsetzen von Texten in Bewegung und Bilder.

Wie kommt die Lerngruppe ins Spiel? Welche Übungen, welche Techniken und welche Texte sind geeignet, fremdsprachliche Ziele mit dem Theaterspiel zu verbinden? Wie baut man eine Theatereinheit auf? Die vorliegenden Unterrichtseinheiten geben unterrichtspraktische Antworten. Sie erläutern Schritt für Schritt, wie sich die Lerngruppe einem Thema nähern und wie sie zu einem präsentablen Ergebnis kommen kann – im Klassenraum oder auf der Bühne.

Themen und Texte

„Theaterwerkstatt Französisch" bietet drei große Themenbereiche an:

- einen ersten Themenbereich zur Einführung ins Theaterspiel. Ausgangspunkt des Spiels sind hier vorwiegend Alltagssituationen. Als Textgrundlage dienen einfache Dialoge, kurze Gedichte und Geschichten, die elementare sprachliche Strukturen enthalten.

- einen zweiten Themenbereich zur szenischen Gestaltung von Liedern und Gedichten. Auswahlkriterium der Texte sind ihre Altersangemessenheit, ihre Eignung zur Umsetzung in szenische Handlung, ihr Potenzial zum kreativen Umgang mit der Sprache und der Bezug zur Lebenswelt der Schülerinnen und Schüler. Deshalb wird sowohl ein „Klassiker" des *chanson populaire* als auch ein modernes Lied angeboten. Das Spiel mit der Sprache ist bei Boby Lapointe und Jacques Prévert gut aufgehoben.

- einen dritten Themenbereich mit narrativen Kurztexten: einem Märchen und zwei Fabeln. Auswahlkriterium ist ebenfalls der spielbare „Plot".

Konzeption

Die Unterrichtsvorschläge können auf zwei unterschiedliche Weisen genutzt werden:

- als methodische Anregung für einen handlungsorientierten Sprachunterricht

- als Materialpool für Theaterprojekte im Rahmen einer französischen Theater-AG

Optimal ist es, beides miteinander zu verbinden und aus den im Unterricht erzielten Ergebnissen eine kleine Aufführung zu machen.

In „Theaterwerkstatt Französisch" werden vorwiegend kurze Texte eingesetzt. Sie erleichtern den Schülerinnen und Schüler, sich auf das spontane Spiel einzulassen.

Der Umgang mit dem Text folgt besonderen Spielregeln: Zuerst kommt das Spiel, dann der Text, und am besten ein im Spiel selbst gefundener bzw. ein adaptierter Text. Ausgegangen wird zumeist von einer Situation, zu der die Spielenden Tätigkeiten für ihre Figuren finden, die sie zu einer Spielaktion ausbauen. Erst in einem nächsten Schritt kommen Dialoge hinzu, die sie selbst verfassen, oder es werden nach und nach Textteile ausgegeben, so dass sich im Laufe des Spiels der gesamte Text wie ein Puzzle zusammensetzt.

Schwerpunkt des Theaterspiels in der Fremdsprache ist das Bildertheater. Die dafür notwendigen Techniken sind schnell erlernbar, die Effekte spannend und eindrucksvoll.

„Theaterwerkstatt Französisch" bietet umfangreiches Material zum Üben von theatralen Mittel und Techniken. Dazu gehören: Körper, Sprache, Stimme, Atem, Artikulation, Bewegung, Rhythmus, Raum, die *technique du tableau vivant* und die Figurenfindung. Für Schülerinnen und Schüler zunächst ungewohnt werden die Körper-, Atem- und Stimmübungen sein. In dem Maße, wie sie diese Übungen als Hilfe für weitere Aufgabenstellungen erfahren, werden sie sich auf das Ungewohnte einlassen. Denn hier macht es Sinn, Körperhaltungen zu erproben, Sprache zu modulieren, klar und deutlich zu sprechen und die Stimme tragen zu lassen.

„Theaterwerkstatt Französisch" verknüpft das Theaterspiel mit der Entwicklung sprachlich-kommunikativer Fähigkeiten durch sprachpraktische Übungen. Dazu gehören u. a.: das Erstellen von Vokabelnetzen, gelenktes und freies Schreiben, Durchführen eines Interviews. Diese Übungen dienen zur Texterschließung und -produktion sowie zur Wortschatzerweiterung. Sie sind so angelegt, dass sie in kooperativen Arbeitsformen selbstständig bearbeitet werden können.

Aufbau

„Theaterwerkstatt Französisch" ist in vier sich ergänzende Teile gegliedert: Übungen zu theatralen Mitteln und Techniken (Teil 1), Unterrichtseinheiten zu drei verschiedenen Themenbereichen (Teil 2), Kopiervorlagen (Teil 3) und den Glossar.

Der erste Teil enthält **Theaterübungen**, die in den Unterrichtseinheiten eingesetzt werden, aber auch auf andere Themen und Texte übertragen werden können. Erklärungen zum Zweck und Verlauf der Übung sind in deutscher Sprache, die Spielanweisungen *(consignes)* in französischer Sprache verfasst, so dass Spielende und Spielleiter Anregungen erhalten, die Zielsprache beim Theaterspiel aktiv einzusetzen. Das Material ist sowohl für die Hand der Spielenden, z. B. zum Üben einer Bewegungsfolge, als auch für die Hand des Spielleiters, z. B. zur Orientierung bei der Durchführung einer Übung, geeignet. Querverweise auf die Übungen finden sich in den Unterrichtseinheiten an entsprechender Stelle.

Der zweite Teil enthält zehn in sich geschlossene **Unterrichtseinheiten** von zumeist vier bis fünf Sequenzen, die wie folgt aufeinander aufbauen: Am Anfang stehen Übungen zur Einstimmung, dann werden Theatertechniken geübt und anschließend von den Spielern zur Gestaltung der Szenen genutzt. In allen Übungsphasen wird das für die Spielszene notwendige Sprachmaterial verwendet. Am Schluss werden die Arbeitsergebnisse präsentiert. Zur Veranschaulichung des Arbeitsprozesses folgt eine Sequenz *A titre d'exemple*. Hier werden Arbeitsergebnisse von Spielgruppen, die an der Erprobung der Unterrichtseinheiten beteiligt waren, kurz vorgestellt. Eine weitere Sequenz *Pour aller plus loin* gibt Anregungen für ein Theaterprojekt. Die Unterrichtseinheiten sind voneinander unabhängig einsetzbar, folgen aber auch einer Progression von einfachen zu komplexen Aufgaben.

Die sprachpraktischen Übungen zu den Unterrichtseinheiten stehen als **Kopiervorlagen** (KV) zur Verfügung.

Der **Glossar** in französischer Sprache listet die wichtigsten theatralen Mittel auf und gibt eine kurze Definition der aufgeführten Begriffe – ein kleines Theaterlexikon zur Orientierung und zum Nachschlagen.

Um eine bessere Lesbarkeit zu gewährleisten, werden im Folgenden nur die Bezeichnungen „Lehrer" und „Schüler" verwendet. Selbstverständlich sind damit auch Lehrerinnen und Schülerinnen gemeint.

I.

Übungen zu theatralen Mitteln und Techniken

In der folgenden Zusammenstellung werden Übungen zu theatralen Mitteln und Techniken thematisch gebündelt und ausführlich erläutert. Ausgewählt wurden diejenigen Mittel und Techniken, die für das Theaterspiel in der Fremdsprache besonders geeignet sind und in den Unterrichtseinheiten zum Einsatz kommen: Körper, Stimme, Bewegung, Rhythmus und Raum sowie Tableautechnik und Figurenfindung.

1. Le corps

Der Körperarbeit kommt beim Theaterspiel eine zentrale Rolle zu. Sie dient der Sensibilisierung für den eigenen Körper und der Auflockerung. Sie macht Mut zum Spiel und gibt den Spielern Anregungen, wie sie ihren Körper bewusst einsetzen können. Darüber hinaus ist sie eine notwendige Voraussetzung für Stimm-, Bewegungs- und Rhythmusübungen. Die Übungen zur Bühnenpräsenz helfen den Spielern, sich zu öffnen, für das Spiel bereit zu sein und aufmerksam auf ihre Spielpartner zu reagieren.

1.1. La position zéro

Die Nullstellung, die im Stehen, Sitzen und auch Liegen eingenommen werden kann, ist Ausgangsstellung für die meisten Körperübungen. Körperhaltung und Gesichtsausdruck sind neutral. Der Atem strömt gleichmäßig.

Consignes :
– Mettez-vous debout, pieds au même écart que les épaules, bras le long du corps, menton et regard parallèles au sol.
– Faites basculer le bassin légèrement vers l'avant.
– Laissez les épaules basses.
– Tendez la nuque, menton et regard restent parallèles au sol. Imaginez qu'un fil invisible fixé au sommet de la tête vous tire vers le plafond.
Respirez régulièrement. Le visage est neutre, c'est-à-dire dépourvu d'expression.

Variante :
Asseyez-vous comme un pharaon sur le rebord d'une chaise : le dos est droit, les jambes forment un angle droit, les mains sont à plat sur les cuisses, les épaules sont relâchées, le visage est neutre. Regardez droit devant vous. Respirez régulièrement.

1.2. Isoler une partie du corps

Die Spieler stehen im Kreis. Sie nehmen die Nullstellung *(Position zéro)* ein. Auf Anweisungen des Spielleiters und gemeinsam mit ihm führen sie Isolationsübungen einzelner Körperteile durch, ausgehend vom Kopf bis hin zum Fuß.

Consignes :
– Inclinez la tête à droite, à gauche, en avant, en arrière, puis décrivez des cercles avec la tête.
– Levez, baissez, fermez les yeux, roulez des yeux, froncez les sourcils, pincez le nez, serrez les lèvres, ouvrez grand la bouche, faites des grimaces.
– Levez, baissez une épaule, faites basculer l'épaule en avant, en arrière.
– Levez un bras au ciel, puis l'autre, tendez un bras en avant, laissez pendre le bras gauche, puis le bras droit, balancez les bras.
– Fermez, ouvrez, agitez la main, serrez les poings, écartez les doigts
– Tournez le buste vers la droite, puis vers la gauche, laissez tomber le buste en avant, faites le dos rond, redressez le dos.
– Faites basculer le bassin en avant, en arrière, à droite, à gauche.
– Secouez la jambe droite, mettez la jambe gauche en avant, en arrière.
– Pliez le genou, levez le genou, faites des ronds avec le genou droit.
– Dessinez des ronds avec le pied gauche.

Variante :
Die Spieler tanzen auf den Rhythmus einer Musik im Raum. Beim Musikstopp gibt der Spielleiter bzw. je ein Spieler Befehle zur Körperisolation, die von der gesamten Gruppe sofort ausgeführt werden, z. B.: « Baissez la tête ».

1.3. « Me voilà ! »

Die Spieler stehen im Kreis und führen zunächst die folgende Übung zur Bühnenpräsenz aus.

Consignes :
Formez un cercle. Courez sur place. L'un après l'autre, allez au centre du cercle, toujours en courant. Arrivés au centre, vous vous ouvrez bien, dans une attitude positive, et vous dites d'une voix forte et distincte une phrase très courte, par exemple « Me voilà ! », puis vous retournez à votre place, toujours en courant. Le suivant enchaîne immédiatement.

Anschließend arbeiten die Spieler mit einem Partner. Sie stellen sich einander gegenüber auf. Spieler A geht auf Spieler B zu, dieser weicht zurück und A spricht einen beliebigen spontanen Satz. Dann geht Spieler B auf Spieler A zu, dieser weicht zurück und B spricht einen Satz. Das gegenseitige Anziehen und Abstoßen wird im rhythmischen Wechsel durchgeführt. Die Spieler achten darauf, dass die Hüfte vorgeht, der Brustkorb sich öffnet und dann der Satz folgt. Dieser löst den Richtungswechsel aus. Langsam wird die Geschwindigkeit gesteigert.

2. Respiration, voix, articulation

Atem-, Stimm- und Artikulationsübungen dienen dazu, Sprache theatral wirksam werden zu lassen. Die Spieler lernen dabei, die Sprache zu modellieren und den Atem stützend einzusetzen.

2.1. Respiration

Das Atmen vollzieht sich in drei deutlich unterscheidbaren Einheiten: einatmen, den Atem halten, ausatmen. Beim Einatmen durch die Nase strömt der Atem langsam, aber tief in den Brustkorb, beim Ausatmen durch den Mund wird die Luft ebenso langsam ausgestoßen, der Brustkorb senkt sich.

2.1.1. La respiration abdominale

Die Übung kann im Liegen oder im Stehen durchgeführt werden.

Consignes :
Mettez-vous en position zéro. Posez la main sur l'abdomen. Inspirez par le nez, retenez votre souffle quelques secondes puis expirez très lentement par la bouche légèrement entrouverte, en émettant un léger son. Les épaules ne doivent pas se lever. La main placée sur l'abdomen doit se soulever lors de l'inspiration.

2.1.2. La respiration thoracique

Consignes :
Mettez-vous en position zéro. Posez les mains sur le bas des côtes. Inspirez par le nez, l'air s'emmagasine dans les poumons et les mains se soulèvent sous cet effet. Retenez votre respiration quelques secondes puis expirez par la bouche légèrement entrouverte.

2.1.3. Le collier de perles

Consignes :
– Tournez la tête à droite, puis à gauche.
– Levez, puis baissez les épaules.
– Faites basculer la tête en avant, puis déroulez la colonne vertébrale comme un collier de perles en laissant échapper l'air.

2.2. Respiration et son

2.2.1. De un à vingt

Consignes
– *Inspirez et contractez en même temps les orteils et les doigts, puis expirez en relâchant les muscles.*
– *Inspirez et contractez en même temps les orteils et les doigts, puis, après chaque tension, dites distinctement sur l'expiration un nombre de un à vingt.*

2.2.2. « Viii, Siii, Riii »

Consignes :
– *Inspirez, faites un pas à gauche, et, le buste tourné dans la même direction, décrivez un grand cercle avec les bras en émettant sur l'expiration le son « Viii ».*
– *Inspirez, faites un pas à droite, et le buste tourné dans la même direction, décrivez un grand cercle avec les bras en émettant sur l'expiration le son « Siii ».*
– *Inspirez, faites un pas en avant, et le buste tourné dans la même direction, décrivez un grand cercle avec les bras en émettant sur l'expiration le son « Riii ».*

2.2.3. Des voyelles

Consignes :
– *Redressez le buste et inspirez, puis décrivez avec les bras un grand cercle au-dessus de la tête en émettant sur l'expiration le son « o ».*
– *Inspirez en pliant le buste et décrivez avec les bras un grand cercle vers le bas en émettant sur l'expiration le son « ou ».*
– *Faites un pas à gauche et inspirez, puis, le buste tourné dans la même direction, décrivez avec les bras un grand cercle en émettant sur l'expiration le son « i ».*
– *Faites un pas à droite, et inspirez, puis, le buste tourné dans la même direction, décrivez avec les bras un grand cercle en émettant sur l'expiration le son « e ».*
– *Faites un pas en avant, et inspirez, puis, le buste tourné dans la même direction, décrivez avec les bras un grand cercle en émettant sur l'expiration le son « a ».*

2.2.4. Un son

Consignes :
– *Emettez le son « ma ».*
– *Lancez un son bref, long, saccadé, et arrêtez-le brusquement.*
– *Faites durer le son, montez et descendez le son, faites vibrer le son.*
– *Attaquez le son d'une voix très forte puis diminuez le volume.*
– *Commencez par un son faible puis augmentez-en son volume.*

2.2.5. Amplitude du son

Bei der folgenden Stimmübung konzentrieren sich die Spielenden zunächst auf die eigene Stimme, nehmen dann die Laute der anderen wahr und stellen sich anschließend auf einen Partner ein, mit dem sie in gemeinsam ausgeführten Bewegungen Laute ertönen lassen.

Consignes :
Marchez en occupant tout l'espace. Lancez une voyelle que vous allez faire vibrer longtemps. Concentrez-vous sur votre son puis écoutez les autres autour de vous. Mettez-vous avec quelqu'un dont la voyelle vous plaît. Placez-vous devant la personne et faites vibrer vos voyelles en commun. Respirez ensemble et donnez à vos corps un mouvement de métronome. Le mouvement devient de plus en plus extrême.

Dann stellen sich die Partner Rücken an Rücken und einigen sich ohne verbale Absprache auf einen Vokal, den sie gemeinsam ertönen lassen. Sie stellen sich so aufeinander ein, dass sie allmählich auch langsame, einfache Bewegungen gemeinsam ausführen können.

Variante 1 :
Die Spieler arbeiten zu zweit. B stellt sich hinter A. A, die Beine hüftbreit, geht leicht in die Knie und lässt den Oberkörper entspannt nach vorne fallen. Er atmet auf einen tiefen Ton aus. B, hinter ihm, klopft vorsichtig mit den Handflächen neben der Wirbelsäule den Rücken seines Partners entlang. Der Ton wird dadurch verstärkt.

Variante 2 :
Die Spieler stellen sich im Kreis auf. Sie kommen langsam ins Schwanken, von einem Bein auf das andere. Sie atmen bewusst ein, öffnen den Mund und atmen dann auf einen beliebigen Laut aus, bis sich ein „Lautteppich" bildet.

Variante 3 :
Die Spieler arbeiten zu zweit. Sie stehen einander gegenüber und geraten ins Schwanken, entweder parallel oder versetzt. Einer von beiden beginnt auf einen

Ton auszuatmen, der andere setzt dann mit einem anderen Ton ein. Nach einer Weile wird die Bewegung variiert, bleibt aber fließend: seitlich, vor und zurück, parallel oder gegeneinander.

Zum Schluss stehen die Spieler einander gegenüber, die Füße hüftbreit parallel, den Oberkörper gerade. Sie fassen sie sich an den Händen und schwanken gemeinsam hin und her.

2.2.6. *Son et mouvement*

Die Partner stehen sich einander gegenüber. Sie stellen die Füße parallel und so weit auseinander, dass vorgebeugte Oberkörper und ausgestreckte Arme einen rechten Winkel mit den Beinen ergeben. Sie fassen sich an den Händen, beugen den Oberkörper vor und ziehen sich durch lang gestreckte Arme in einfachen Schaukel- oder Wippbewegungen auseinander. Dabei gehen sie entweder gleichzeitig oder nacheinander in die Höhe. Nun wählen die Spieler einen Satz oder einzelne Wörter, die in Bezug zu einem Text stehen, den sie gerade einüben bzw. auswendig lernen, z. B. die ersten Verse eines Gedichts, einen Refrain usw. Diese Wörter bzw. Sätze sprechen sie fortlaufend, während sie ihre Bewegungen ausführen.

2.3. Articulation et voix

Die beiden ersten Artikulationsübungen sind auf die vorgeschlagenen Texte der jeweiligen Einheiten abgestimmt. Bei einer Übertragung auf andere Texte sind diejenigen Laute, Töne und Wörter einzusetzen, die für den Text relevant und für germanophone Sprecher besonders schwierig sind. Die drei weiteren Übungen können zur Stimmbildung, zum Memorieren von Texten und zur Figurenfindung eingesetzt werden.

2.3.1. *Des syllabes*

Consignes :
– *Inspirez en levant la tête et dites : « et ».*
– *Expirez en baissant la tête et dites « oui ».*
– *Inspirez en levant les épaules et dites : « mais ».*
– *Expirez en baissant énergiquement les épaules et dites : « non ».*
– *Inspirez, puis contractez le diaphragme et expirez en trois temps : « Ça-a-lors ».*

Variante :
In der Einheit *Le Corbeau* werden die Silben ersetzt durch: « *Fro* », « *mage* », « *ra* », « *mage* », « *ar* », « *bre* », « *per* », « *ché* », wobei die Silben « *arbre perché* » mit vier Atemzügen ausgestoßen werden.

2.3.2. *Virez la langue*

Artikulationsübungen mit Zungenbrechern eignen sich besonders als Abschluss einer Einstimmungsphase mit dem Schwerpunkt „Stimme". Sie helfen, die Mundwerkzeuge und Gesichtsmuskeln bewusst zu aktivieren. Sie können wie in den einzelnen thematischen Einheiten vorgeschlagen gezielt mit unterschiedlichen Schwerpunkten eingesetzt werden, z. B. zur Aussprache von Nasalen, Vokalen und Laut-Konsonantenverbindungen.

Zur Lockerung der Gesichtsmuskeln ist es zu empfehlen, vor Beginn der Übung möglichst viele Grimassen mit den Lippen, dem Mund, der Zunge schneiden zu lassen. Dabei kann ein Ton wie „A", „Hum", „Muuu" ausgestoßen werden.

Consignes :
Pour détendre les lèvres et la langue, dites une des phrases suivantes sans reprendre votre souffle :

– *Didon dîna, dit-on, du dos d'une dinde dodue.*
– *Papa boit dans les pins, papa peint dans les bois; dans les bois, papa boit et peint.*
– *Le parrain de la petite Anne lui a offert quelques bâtons de chocolat.*

Pour détendre les lèvres et les joues, écartez les lèvres avec vigueur à chaque « i », mais ramenez-les en avant pour les « u ».

- *Susy écrit au stylo dix chiffres difficiles à lire.*
- *Que lit Lily sous ces lilas-là ? Lily lit l'Iliade.*
- *Mille millions de merveilleux musiciens murmurent des mélodies multiples mirifiques.*
- *Trois petites truites cuites, trois petites truites crues.*
- *Trois très gros rats dans trois très grands trous rangèrent trois très gros grains d'orge.*
- *Toute la nuit, la pluie a ruisselé sur les tuiles du toit de la cuisine.*

Pour bien prononcer les nasales, prononcez distinctement :

- *L'assassin sur son sein suçait son sang sans cesse.*
- *Othon, ton thé t'a-t-il ôté la toux ?*

Variante 1 :
Der vire-langue wird auf verschiedene Art und Weise gesprochen, z. B. gähnend, mit einem Bonbon im Mund, mit zusammengepressten Lippen, sich Rücken an Rücken in einem gemeinsamen Rhythmus wiegend.

> Übung 2.3.3., S. 14.

Variante 2 :
Die Spieler üben in Gruppen einen Bewegungs- und Sprechchor auf den soeben gelernten Zungenbrecher ein. Dazu wird innerhalb der Gruppe eine Teilgruppe als Bewegungschor, eine zweite Teilgruppe als Sprechchor gebildet. Der Bewegungschor studiert einen einfachen, sich wiederholenden Bewegungsablauf ein, der Sprechchor spricht den Text auf diesen Bewegungsablauf.

2.3.3. Comment dire un texte ?

Consignes :
Choisissez une phrase et dites-la de différentes manières :

- *d'une voix monotone; doucement/avec force; lentement/vite; à haute voix/à voix basse*
- *en bégayant, en balbutiant, en zézayant, en toussant, en chuchotant, en hurlant, en bâillant, en riant, en pleurant, en sanglotant, en roulant les « R ».*

Choisissez une phrase ou un fragment de texte et dites-le d'un ton :

agacé, furieux, méprisant, menaçant, ironique, enfantin, câlin, pathétique.

2.3.4. « Une dictée »

Die Spielenden werden in mindestens drei Gruppen zu viert eingeteilt. Dabei bleiben die ersten beiden Gruppen im Raum, die anderen Spielenden verlassen den Raum. Die beiden verbleibenden Gruppen werden in Vorlesende und Schreibende eingeteilt.

Die Vorlesenden stellen sich nebeneinander an einer Wand in möglichst großem Abstand voneinander auf. Die Schreibenden suchen sich je einen Vorlesepartner und stellen sich an der gegenüberliegenden Wand in mindestens 15 m Entfernung auf. Die Vorlesenden nehmen mit ihrem jeweiligen Partner Blickkontakt auf. Auch unter den Vorlesenden gibt es eine körperliche „Verabredung": Ihr gleichzeitiges Einatmen setzt den Auftakt für den Beginn des Diktats. Auch im weiteren Verlauf stellen sich die Vorlesenden auf ihre Mitspieler ein. Sie lesen zwar verschiedene Texte, aber sie sprechen ihre Texte gleichzeitig. Dies tun sie so laut und so deutlich, dass ihre Partner sie verstehen und mitschreiben können. Der Spielleiter achtet darauf, dass sich die Spielerinnen und Spieler nicht durch „Brüllen" verständigen, sondern die räumliche Entfernung durch deutliches Artikulieren überwinden.

Die Schreibenden passen sich dem Rhythmus der Vorlesenden an und schreiben den ihnen diktierten Text auf. Nach Beendigung des ersten Diktats wird die nächste Gruppe in den Raum geholt. Die Schreibenden der ersten Gruppe werden zu Vorlesenden für die nächste Gruppe, die Vorlesenden der ersten Gruppe zu Beobachtern. Die Übung wird nach dem Prinzip der „stillen Post" weitergeführt. Die aufgeschriebenen Texte werden am Ende mit dem Original verglichen und kommentiert.

Consignes :
- *Regardez votre partenaire bien en face.*
- *Pour ceux qui lisent : commencez à dicter vos textes simultanément. Lisez d'une voix forte, sans toutefois crier, articulez de façon distincte. Parlez en direction de votre partenaire. Pensez à faire des pauses afin que ce dernier ait le temps d'écrire.*
- *Pour ceux qui écrivent : adaptez-vous au rythme de la lecture. Concentrez-vous sur votre partenaire et ne laissez pas la dictée des autres vous gêner.*

2.3.5. *Pour mémoriser un texte*

Die Spieler gehen kreuz und quer durch den Raum, jeder mit einem Text in der Hand. Sie sagen zuerst den Text unbetont-leiernd auf. Dann ändert sich die Art der Bewegung, das monotone Sprechen wird beibehalten: Die Spieler gehen schneller, rennen, kriechen auf dem Boden und sagen dabei den Text immer weiter auf, sie flüstern ihn nur noch beim Kriechen, sie suchen sich einen Platz im Raum aus, wo sie sich verstecken, flüstern aus dem Versteck heraus den Text, sie klettern auf Stühle, Tische, Bänke, öffnen, oben angekommen den Brustkorb und, je höher sie kommen, desto lauter sprechen sie den Text. Dann sprechen sie ihn mit einem Korken zwischen den Zähnen und versuchen dabei so gut wie möglich zu artikulieren.

Zum Schluss sagen sie den Text in vier Zeiten auf, wobei sie jeweils die Raumebenen wechseln: Ausgangposition: Stehen. Dann: erstes Knie auf den Boden, zweites Knie auf den Boden, sich auf den Boden setzen, sich hinlegen. Aufstehen. Auf diese Bewegungssequenz wird der Text fortlaufend gesprochen. Die Übung wird mehrmals durchgeführt, jeder Spieler arbeitet in seinem Tempo.

Die einzelnen Bewegungssequenzen werden ohne Pause durchgespielt, so dass die Spielerinnen und Spieler immer in Bewegung bleiben.

3. Rythme et mouvement

Die folgenden Übungen verbinden Rhythmus, Bewegung und Sprache. Sie dienen einerseits zur Sensibilisierung für unterschiedliche Rhythmen, andererseits als Mittel zur theatralen Umsetzung von kurzen Texten. Darüber hinaus unterstützen Rhythmus- und Bewegungsübungen das Memorieren von Texten und können zur Figurenfindung führen.

3.1. Jouer avec un rythme de 2 temps

3.1.1. *Des pieds jusqu'à la tête*

Diese Übung kann zu verschiedenen Zwecken eingesetzt werden: zur Schulung des Hörverstehens, zur Erweiterung des Wortschatzes im Kontext des Themas *le corps* und zur Einstimmung auf eine Übungssequenz mit dem Schwerpunkt „Rhythmus und Bewegung".

Die Spieler bilden einen Kreis und nehmen die Nullstellung ein. Dann führen sie die Übung durch. Dabei schwingen die Arme in weit ausholenden Bewegungen gegengleich zu einzelnen Körperteilen, z. B. die rechte Hand zum linken Fuß, die linke Hand zum rechten Fuß. Der Bewegungsrhythmus wird durch das gleichzeitige Sprechen verstärkt.
Die Übung wird mehrmals durchgeführt, wobei sich das Tempo ständig steigert.

Consignes :
- *La main droite touche le pied gauche, dites : « les ».*
- *La main gauche touche le pied droit, dites : « pieds ».*
- *La main droite touche le genou gauche, dites : « les ».*
- *La main gauche touche le genou droit, dites : « genoux ».*
- *La main droite touche la fesse droite, dites : « les ».*
- *La main gauche touche la fesse gauche, dites : « fesses ».*
- *La main droite touche le côté gauche, dites : « les ».*
- *La main gauche touche le côté droite, dites : « côtes ».*
- *La main droite touche l'épaule gauche, dites : « les ».*
- *La main gauche touche l'épaule droite, dites : « épaules ».*

- *La main droite touche l'oreille gauche, dites :*
  « les ».
- *La main gauche touche l'oreille droite, dites :*
  « oreilles ».
- *La main droite touche le nez, dites :*
  « le nez ».
- *La main gauche touche le front, dites :*
  « le front ».
- *Les deux bras se tendent vers le plafond, dites :*
  « haut les mains ».
- *Laissez les bras en haut, dites :*
  « Recommencez ! ».

… et recommencez l'exercice !

3.2. Jouer avec un rythme de trois temps

3.2.1. Rythme de base de 3 temps

Die Spieler stehen im Kreis. Sie nehmen die Nullstellung ein. Zuerst verlagern sie das Körpergewicht auf das Standbein, um das Spielbein zu entlasten. Das Spielbein führt lockere Schwingbewegungen durch. Dann wird das Bein gewechselt.

Sie führen die Schrittfolge so lange durch, bis sie sie sicher beherrschen. Gleichmäßiges Klatschen unterstützt die rhythmische Bewegung.

Consignes :
1. *Faites un pas à droite, tapez dans les mains.*
2. *La jambe gauche rejoint la jambe droite, tapez dans les mains.*
3. *Refaites avec la jambe droite un pas à droite, tapez dans les mains.*

Puis repartez dans la direction opposée, donc vers la gauche, avec le pied gauche.

1. *Faites un pas à gauche, tapez dans les mains.*
2. *La jambe droite rejoint la jambe gauche, tapez dans les mains.*
3. *Refaites avec la jambe gauche un pas à gauche, tapez dans les mains.*

3.2.2. Rythme de base de 3 temps et texte

Die Schrittfolge ist dieselbe wie bei der Übung 3.2.1. Der Spielleiter gibt hier den Text « *Que c'est bon* » ein, der auf die Schrittfolge gesprochen wird, wobei bei jedem Wort geklatscht wird. Wenn die Gruppe den Text auf den Rhythmus sprechen kann, werden neue Akzente durch Klatschen auf bestimmte Wörter gesetzt, z. B. « *Que c'est bon* ». Diese gibt zunächst der Spielleiter vor. Die Gruppe nimmt sie auf. Dann können einzelne Spieler Akzentsetzungen vorgeben.

Consignes :
1. *Effectuez trois pas à droite en frappant des mains sur chaque temps.*
2. *Ne frappez maintenant des mains que sur un temps. Par exemple : 1 est marché et frappé, 2 et 3 sont marchés, mais non frappés.*
3. *Enchaînez en changeant les temps sur lesquels vous tapez dans les mains.*

3.3. Jouer avec un rythme de 4 temps

Die Spieler stehen im Kreis. Sie üben zunächst die Schrittfolge so lange, bis sie sie sicher beherrschen. Gleichmäßiges Klatschen unterstützt die rhythmische Bewegung.

3.3.1. Rythme de base de 4 temps

Consignes :
1. *Faites un pas à droite, tapez dans les mains.*
2. *La jambe gauche rejoint la jambe droite, tapez dans les mains.*
3. *Refaites un pas à droite, tapez dans les mains.*
4. *La jambe gauche rejoint la jambe droite, tapez dans les mains.*

Puis repartez dans la direction opposée, donc vers la gauche, avec le pied gauche.

1. *Faites un pas à gauche, tapez dans les mains.*
2. *La jambe droite rejoint la jambe gauche, tapez dans les mains.*
3. *Refaites un pas à gauche, tapez dans les mains.*
5. *La jambe droite rejoint la jambe gauche, tapez dans les mains.*

3.3.2. Rythme de base de 4 temps et texte

Die Schrittfolge ist dieselbe wie bei der Übung 3.3.1. Der Spielleiter gibt hier den Text « *Mais oui c'est bon* » ein, der auf die Schrittfolge gesprochen wird, wobei bei jedem Wort geklatscht wird. Wenn die Gruppe den Text auf den Rhythmus sprechen kann, werden neue Akzente durch Klatschen auf bestimmte Wörter gesetzt, z. B. « *Mais oui c'est bon/ mais oui c'est bon/mais oui c'est bon/mais oui c'est bon/mais oui c'est bon* ». Diese gibt zunächst der Spielleiter vor, die Gruppe nimmt sie auf. Dann können einzelne Spieler Akzentsetzungen vorgeben.

3.4. Jouer avec un rythme de 5 temps

Die folgende Übung kann gut zum Memorieren von Texten eingesetzt werden. Die Consigne ist auf die Fabel « *Le corbeau et le renard* » abgestimmt, kann jedoch auf andere Texte übertragen werden.

Die Spieler stehen im Kreis. Der Spielleiter gibt auf dem Tamburin einen Fünfer-Rhythmus vor, der von allen Spielern durch Bewegung, Klatschen und Schnipsen gehalten wird.

Consignes :
1. *La main droite tape sur la cuisse droite.*
2. *La main gauche tape sur la cuisse gauche.*
3. *Taper dans les mains.*
4. *La main droite claque des doigts.*
5. *La main gauche claque des doigts.*

Dann wird auf den Rhythmus ein Gedicht gesprochen, das die Gruppe gerade auswendig lernt. Die Übung wird wie folgt fortgesetzt:

Die Spieler stellen sich in zwei Reihen hintereinander auf. Die erste Reihe hält den Rhythmus, die zweite Reihe spricht in demselben Rhythmus den Text des Gedichts.

Consignes :
- *Formez deux rangées. La première rangée exécute les mouvements, la deuxième articule les syllabes.*
- *La première rangée tape sur la cuisse droite avec la main droite, la deuxième rangée dit : « Maî ».*
- *La première rangée tape sur la cuisse gauche avec la main gauche, la deuxième rangée dit : « tre ».*
- *La première rangée tape dans les mains, la deuxième rangée dit : « cor ».*
- *La première rangée claque des doigts avec la main droite, la deuxième rangée dit : « beau ».*
- *La première rangée claque des doigts avec la main gauche, la deuxième rangée dit : « sur ».*

Continuez l'enchaînement de mouvements et la récitation jusqu'à ce que tous les vers de la fable/ du poème soient dits.

Dann übernimmt jeder Spieler eine Verszeile, die er spricht, wenn sie in der Abfolge der Verse an der Reihe ist. Alle Spieler halten gemeinsam den Rhythmus.

3.5. Dialogues rythmés

3.5.1. Dire bonjour

Bei der folgenden Übung lernen die Spieler eine rhythmische Bewegungsfolge gemeinsam mit einem Partner einzuüben und auf die Bewegungsfolge einen Text zu sprechen. Der Dialog « *Se saluer* » kann durch andere Minidialoge ersetzt werden.

Die Spieler finden sich paarweise zusammen. Sie stellen sich nebeneinander auf, jeweils einen Schritt voneinander entfernt und führen die rhythmische Bewegungs- und Sprechfolge von zehn Einheiten gemeinsam und gleichzeitig durch. Der Rhythmus entsteht durch die aufeinander folgenden Bewegungen, die Bewegungs- und Sprechpausen und den Dialog. Die Spielpartner üben die Sequenz so ein, dass sie sie exakt wiederholen können.

Consignes :
Les joueurs A et B se trouvent côte à côte sur une ligne, en position zéro. Le joueur A se place à gauche du joueur B. Tous deux sont face au public et travaillent simultanément.

	Joueur A (à gauche)	Joueur B (à droite)
1	fait un pas en avant avec le pied gauche.	fait un pas en avant avec le pied droit.
2	Le pied droit rejoint le pied gauche.	Le pied gauche rejoint le pied droit.
3	tourne la tête en direction du partenaire.	tourne la tête à gauche en direction du partenaire.
4	dit : « Bonjour ! »	reste figé
5	reste figé	dit : « Salut ! »
6	dit : « Ça va ? »	reste figé
7	reste figé	dit : « Et toi ? »
8	regarde devant lui.	regarde devant lui.
9	fait un pas en arrière avec le pied gauche.	fait un pas en arrière avec le pied droit.
10	Le pied droit rejoint le pied gauche.	Le pied gauche rejoint le pied droit.

3.5.2. Se dire bonjour entre voisins

Bei der folgenden Rhythmusübung handelt es sich um eine Variante von Rhythmusübung 3.5.1. Der Dialog ist umfangreicher.

Les joueurs A et B sont sur une ligne, côte à côte, en position zéro et regardent devant eux. Ils travaillent simultanément.

	Joueur A (à gauche)	Joueur B (à droite)
1	fait un pas en avant avec le pied gauche.	fait un pas en avant avec le pied droit.
2	Le pied droit rejoint le pied gauche.	Le pied gauche rejoint le pied droit.
3	tourne la tête à droite en direction du partenaire.	tourne la tête à gauche en direction du partenaire.
4	dit : « Bonjour ! »	sourit
5	sourit	dit : « On se connaît ? »
6	dit : « Mais oui ! »	fait une mimique
7	fait une mimique	dit : « Fiche-moi la paix. »
8	regarde devant lui	regarde devant lui
9	fait un pas en arrière avec le pied gauche.	fait un pas en arrière avec le pied droit.
10	Le pied droit rejoint le pied gauche.	Le pied gauche rejoint le pied droit.

Besonderes Gewicht wird auf das abwechslungsreiche Spiel mit der Mimik gelegt.

Dialogvorschläge:

– *« Bonjour. »*
  « On se connaît ? »
  « Mais oui ! »
  « Vous êtes sûr ? »

– *« Salut. »*
  « Comment vas-tu ? »
  « Je veux plus te voir. »
  « A demain ! »

– *« Ça va ? »*
  « Laisse-moi tranquille ! »
  « Mais viens ! »
  « J'ai dit non ! »

– *« Je vais bien. »*
  « Et ton gamin ? »
  « Il va bien. »
  « A demain ! »

4. Espace et jeu dans l'espace

Die folgenden Übungen sind einsetzbar zur Sensibilisierung für den Raum, für Gänge im Raum und zum Spiel mit Partnern. Sie können auch als Aufwärmübung dienen.

4.1. Occuper l'espace

Die Spieler gehen in zügigem Tempo kreuz und quer durch den Raum, den Blick nach vorne gerichtet. Sie achten darauf, dass sie die gesamte Spielfäche als Raum nutzen und so gleichmäßig wie möglich besetzen, also keine „Löcher" lassen. Bei den „Stopps" halten sie in der Bewegung inne und nehmen ihre Position im Raum wahr. Die Übung wird mehrmals wiederholt, bis die Spieler sich optimal im Raum verteilen.

Consignes :
Marchez au hasard dans tous les sens. Occupez tout l'espace sans laisser de vides. Au signal, immobilisez-vous. Prenez conscience des vides autour de vous. Repartez. Essayez cette fois-ci de ne jamais laisser d'espaces vides entre vous. Recommencez l'exercice. Chacun est responsable des vides et doit chercher à les « remplir ».

Anschließend werden folgende Spielaufgaben angeboten:

- *Marchez d'un pas rythmé. Quand le meneur de jeu dit « trois », trois élèves seulement se regroupent dans un coin de la pièce, tous les autres forment un groupe serré dans un autre coin.*
- *Rassemblez-vous tous au centre.*
- *Rassemblez-vous dans les quatre coins.*
- *Entourez une seule personne.*
- *Formez deux rangées.*

4.2. Se déplacer dans l'espace

Die Spieler gehen durch den Raum. Dabei variieren sie die Richtungen im Raum, zuerst nach Anweisung des Spielleiters, dann nach ihrem eigenen Impuls.

Consignes :
- *Suivez une diagonale dans la pièce.*
- *Suivez une ligne droite dans la pièce.*
- *Déplacez-vous parallèlement.*
- *Allez en avant, en arrière, d'un coin à un autre, vers un point imaginaire que vous vous êtes fixé.*
- *Avancez/reculez.*
- *Courez/arrêtez-vous.*
- *Marchez à deux, à cinq, par petits groupes.*

Variante :
- *Posez les pieds bien à plat, marchez sur la pointe des pieds/en pressant les talons au sol, sur les bords extérieurs/intérieurs des pieds.*
- *Marchez à petits pas, à grands pas.*
- *Marchez d'un pas traînant, hésitant, en boitant.*
- *Marchez vite, lentement, au ralenti.*

4.3. Les niveaux

Die Spieler tanzen auf den Rhythmus einer Musik. Beim ersten Musikstopp halten sie in der Bewegung inne. Bei den weiteren Stopps nehmen sie jeweils eine andere Raumebene ein. Sie achten darauf, dass sie im Laufe der Übung alle Raumebenen besetzen.

Consignes :
Vous pouvez occuper trois niveaux : le haut, le milieu et le bas. Quand la musique s'arrête, immobilisez votre mouvement et choisissez un niveau. Vous pouvez être debout, à genoux, assis, accroupis, couchés.

4.4. Le jeu avec un partenaire

Die Spieler tanzen nach dem Rhythmus einer Musik wild durch den Raum. Beim ersten Stopp der Musik halten sie in der Bewegung inne. Bei den nächsten Stopps erproben sie verschiedene Körperhaltungen und entscheiden sich dann für eine, die sie beibehalten wollen. Während sie sich weiter auf die Musik bewegen, überlegen sie sich einen französischen Vornamen oder einen Ausruf oder einen beliebigen Satz. Beim Stopp der Musik nehmen sie ihre Körperhaltung ein und sagen daraufhin laut und deutlich den von ihnen gewählten Vornamen oder den Ausruf bzw. den Satz.

Dann bewegen sie sich weiter zum Rhythmus der Musik. Nun ist das Anhalten der Musik das Signal für die Partnerwahl. Jeder arbeitet mit dem Spieler, der ihm am nächsten steht. Die Spielpartner teilen sich die Rollen A und B. A beginnt und nimmt die gewählte Körperhaltung ein. B antwortet mit seiner Körperhaltung. Dann sagt A seinen Vornamen, den Ausruf bzw. Satz. B antwortet mit seinem. Dann erst werden die Körperhaltungen aufgelöst. Die Übung wird mit wechselnden Partnern mehrmals wiederholt.

4.5. L'hypnose

Die Spieler arbeiten zu zweit. Sie übernehmen die Rollen A und B. A hält die Innenfläche seiner Hand in etwa 20 cm Entfernung vor das Gesicht von B und führt B wie an einem unsichtbaren Faden. B folgt der Hand in alle möglichen Richtungen und muss dabei rückwärts und vorwärts gehen, auf den Zehenspitzen stehen, eine Hocke, vielleicht sogar eine Rolle machen. Dann folgt ein Rollenwechsel.

Consignes :
- *Travaillez à deux, debout, face à face.*
- *Répartissez-vous les rôles : l'un est le meneur, l'autre est le mené.*
- *Le meneur place sa main à 20 cm environ du visage de son partenaire et commence une série de mouvements lents et continus en variant les directions (en haut, en bas, à droite, à gauche...) et les niveaux (haut, moyen, bas).*
- *Le « mené » garde toujours son visage à la même distance de la main du meneur et effectue les mouvements initiés par ce dernier comme s'il était relié à A par un fil invisible.*
- *Au signal convenu, sans interrompre le rythme, vous échangez les rôles.*

Variante :
L'un d'entre vous est le chef d'orchestre et fait face au groupe. Le groupe fixe son attention sur la main droite du chef d'orchestre. Il fait bouger le groupe avec sa main, à distance, le déplaçant ainsi vers la droite ou vers la gauche. Il peut varier les vitesses et les niveaux. Quand il lève la main, le groupe émet, bouche fermée, un son (le son « Schschsch » par exemple).

Consignes :
Travaillez en tandem. Mettez-vous face à face. Regardez-vous bien dans les yeux. L'un est le meneur, l'autre le « miroir ». Le meneur (A) effectue avec lenteur une série de mouvements que le « miroir » (B) va reproduire de façon identique. On ne doit pas se rendre compte qui est meneur et qui est « miroir ».

Vocabulaire de travail :

Regardez-vous toujours dans les yeux !
Faites des gestes lents, larges et précis !
Ne perdez jamais votre partenaire des yeux !
Variez les niveaux !
Faites aussi participer votre visage.

4.6. Le miroir

Bei der folgenden Übung lernen die Spieler, sich auf einen Partner einzustellen. Es handelt sich um eine Übung zum Führen und Folgen. Die Bewegungen werden synchron ausgeführt.

5. Tableau vivant

Ein *tableau vivant* entsteht, wenn mehrere Spieler mit ihren Körpern wie auf einem Foto ein „Bild" festhalten. Vorübungen zum *tableau vivant* sind das Anhalten in der Bewegung und das Festhalten der Körperhaltung. Dadurch wird der Spieler zu einer *statue*, das ist der erste Baustein eines *tableau vivant*. *Tableaux vivants* können in einem Zug auf eine Anweisung (Händeklatschen/Vorgaben wie *la peur*) hin gebildet oder in Etappen aufgebaut werden, z. B. indem ein Spieler eine Vorgabe macht und die andern Spieler sich nacheinander einfügen. Mit dieser Technik kann auch eine Serie von *tableaux* zu einem Thema entwickelt und zu einer Szene ausgebaut werden. Erst wenn die Bilder stehen, kommt der Text hinzu. Diese Texte können sowohl von den *statues* als auch von den zuschauenden Mitspielern formuliert werden. Gerade wegen der Ausdrucksstärke der Bilder können diese Texte kurz und pointiert sein, und sie lassen sich auch leicht in der Zielsprache von den Schülern selbst finden.

5.1. Le mouvement gelé

Die Spieler bewegen sich kreuz und quer im Raum. Beim Stoppzeichen (Händeklatschen, Geräusche, Musik) halten sie in der Bewegung inne. Sie werden damit zu Statuen. Beim nächsten Zeichen wird die Haltung aufgelöst, die Spieler nehmen ihre Bewegung wieder auf.

Consignes :
Répartissez-vous dans l'espace. Marchez à vive allure. Au signal, immobilisez-vous immédiatement : vous êtes devenus des statues. Restez immobiles, dans la position dans laquelle vous vous trouviez. Au prochain signal, remettez-vous tous ensemble en mouvement.

Variante 1 :
Die Spieler bewegen sich kreuz und quer durch den Raum. Wenn ein Spieler in seiner Bewegung innehält, frieren die anderen ebenfalls ein. Dann setzt sich die Gruppe ohne verabredetes Zeichen gemeinsam wieder in Bewegung, bis zu dem Augenblick, da ein anderer Spieler seine Bewegung anhält.

Consignes :
Marchez à vive allure. Dès que quelqu'un s'arrête, immobilisez-vous. Quand quelqu'un recommence à marcher, tout le monde repart.

Variante 2 :
Auf ein Zeichen des Spielleiters halten alle Spieler in der Bewegung inne: Sie werden zu *statues*. Zwei *statues* werden zum Leben erweckt, indem der Spielleiter sich hinter sie stellt und einen willkürlichen Satz über ihre Schulter spricht. Diese „befreiten" Spieler erwecken auf dieselbe Weise zwei weitere *statues* zum Leben. Das Spiel geht so lange weiter, bis alle *statues* erlöst sind.

Consignes :
Marchez à vive allure. Au signal, immobilisez-vous. Restez immobiles jusqu'à ce que quelqu'un vous « libère ».

5.2. La statue sculptée

Die Spieler können durch eigenen Impuls zu einer Statue werden, oder die Statue kann, wie in dieser Übung gezeigt, von einem „Bildhauer" gebaut werden. Die Spieler finden sich zu Paaren zusammen und entscheiden, wer die Rolle des Bildhauers übernimmt. Der „Bildhauer" baut seine Statue, indem er deren Gliedmaßen leicht und vorsichtig bewegt und/oder dem Partner zu verstehen gibt, in welche Richtung er seinen Körper bewegen soll. Der Partner bewegt sich nicht aktiv, sondern hält lediglich die Position, in die er gebracht wird. Ist der „Bildhauer" mit seiner Arbeit zufrieden, ist aus dem Partner eine Statue geworden.

Consignes :
Travaillez à deux. L'un est le sculpteur et utilise le corps de son partenaire comme de la pâte à modeler pour en faire une statue. Mettez-le dans une position de votre choix. Manipulez-le avec précaution. N'allez pas au-delà du possible ! Faites attention aux articulations. Le partenaire ne doit obéir qu'aux contacts de son sculpteur, il n'a lui-même aucune volonté.

Vocabulaire de travail :

Donnez à votre statue une expression.
N'obéissez qu'aux poussées de votre sculpteur !
Ne faites pas trop souffrir votre modèle.

Variante :
Die Statue wird à distance gebaut. In diesem Fall gibt der „Bildhauer" seine Impulse verbal. Dabei ist darauf zu achten, dass immer nur eine einzige, auch durchführbare, Bewegung „angeordnet" wird. Der Partner führt – kommentarlos – die Bewegung aus und verharrt dann in dieser neuen Haltung.

> **Vocabulaire de travail :**
>
> Tu modèles à distance ton partenaire. Que lui dis-tu ?
> Regarde dans cette direction !
> Laisse tomber le bras droit ! Tourne-toi vers... !
> Plie la jambe ! Tourne la tête vers le haut !
> Ne bouge pas ! Reste comme ça !
> Ce n'est pas toi qui agis, c'est moi qui te forme !

5.3. La boîte à musique

Hat die Spielgruppe zu einem bestimmten Thema eine Reihe von Statuen gebildet, kann dieses Spielmaterial zu einer Szene ausgebaut werden, bei der das Prinzip der Spieluhr zur Anwendung kommt.

5.3.1. *Les statues tournent sur place*

Die Spieler finden sich in Gruppen zu fünft zusammen. In jeder Gruppe übernimmt jeweils ein Spieler die Rolle eines Spielleiters. Die andern sind Statuen. Die vier Statuen stellen sich im Kreis auf. Dann drehen sie sich in der gewählten Körperhaltung zum Rhythmus einer Musik langsam mit ganz kleinen flachen Schritten um die eigene Achse. Die jeweiligen Spielleiter achten darauf, dass die Spieler die Geschwindigkeit ihrer Drehung aufeinander abstimmen, so dass der Eindruck einer Spieluhr entsteht.

5.3.2. *Les statues se déplacent en tournant*

Die jeweiligen Spielleiter stellen durch ihre Position das Publikum dar. Die Statuen drehen sich weiterhin um die eigene Achse, kommen aber auch auf der Kreislinie vorwärts. Der Abstand zwischen den Statuen bleibt immer gleich, d. h. es entsteht eine Drehscheibe. Wenn eine Statue vor dem Spielleiter angekommen ist, bleibt die Spieluhr stehen. In diese Pause hinein sagt die Statue einen Satz.

5.3.3. Pour aller plus loin

Ein Spieler kann die Rolle eines Kindes, das die Spieluhr bedient, übernehmen. Es bestimmt die Geschwindigkeit, in der sich die Spieluhr dreht, so dass sich die Statuen einmal extrem schnell, einmal extrem langsam bewegen. Auch kann die Batterie ausgehen ...

5.4. Composer des tableaux vivants

Zu einem Thema/einer Situation erfinden die Spielerinnen und Spieler Figuren und überlegen, welche Tätigkeiten diese Figuren ausführen könnten. Dazu erproben sie verschiedene Körperhaltungen und formen daraus ihre *statues*. Diese Statuen werden dann zu einem Gesamtbild arrangiert. Ein erstes *tableau* ist damit erarbeitet. Ausgehend davon werden die weiteren Bilder gefunden. Am Ende wird das Schlussbild gestellt, wobei Anfangsbild und Schlussbild auch identisch sein können. Ist die Bildserie erarbeitet, üben die Spieler, mit einer Bewegung von einem *tableau* ins andere zu kommen. Ein Text kann auf die einzelnen *tableaux* verteilt und auf ein Stichwort oder Signal gesprochen werden.

Consignes :
– *Construisez un tableau sur le thème de l'amour, de la dispute.*
– *Composez un tableau à partir du document proposé.*
– *Choisissez une scène/situation de la leçon et composez à partir de cette scène/situation un tableau.*
– *Inspirez-vous d'une peinture connue, d'un document de votre choix.*
– *Passez en un mouvement glissant d'un tableau à l'autre.*
– *Observez bien le tableau proposé et donnez-lui un titre.*
– *Faites parler les personnages.*
– *Pour rendre votre tableau plus « vivant » : introduisez un troisième/quatrième personnage dans le tableau,
faites le tableau avec un seul personnage,
transformez un élément du tableau.*

5.5. Les tableaux sont décrits et commentés

Verschiedene Gruppen stellen sich gegenseitig eine Bilderfolge vor. Das letzte tableau bleibt stehen. Die Zuschauer beschreiben die dargestellten Aktivitäten, die Situation und die Figuren mit einem Satz. Dieses Vorgehen kann im Fremdsprachenunterricht zur Kontrolle des Textverständnisses oder auch zur Textwiedergabe wie folgt eingesetzt werden: Nach Einführung einer Lektion bzw. nach dem Hören/der Lektüre eines Textes stellen einzelne Schüler ein Bild, das eine Aktivität/eine Situation der Geschichte zeigt. Die Zuschauer kommentieren, was sie sehen.

Variante 1 :
Einige Schüler treten je hinter eine Figur, verleihen ihr eine Stimme: Sie sprechen aus, was die Figur vielleicht gerade denkt oder was ein anderer zu ihr sagt.

Variante 2 :
Anstatt einen Text/eine Geschichte mündlich oder schriftlich zusammenzufassen, stellt eine Gruppe von Schülern die wichtigsten Etappen der Handlung in einer Folge von *tableaux* dar. Die Zuschauer kommentieren die Bilder, so dass sich nach und nach ein Resümee des Textes ergibt. Der Reiz der Übung kann erhöht werden, indem die Aufgabe gestellt wird, eine Station der Handlung wegzulassen, zu verändern, eine weitere hinzuzufügen oder ein anderes Ende zu finden.

5.6. Des tableaux vivants sous forme de diapositives

Aus einer Bilderfolge, die mit Hilfe der *technique du tableau vivant* erarbeitet wurde, kann man ohne großen Aufwand eine Dia-Show gestalten und dadurch zu einem bühnenreifen kurzen Stück gelangen. Dafür sind einige zusätzliche Proben zum Stellen der Bilderfolge anzusetzen und einige technische Vorbereitungen zu treffen.

5.6.1. Übungsverlauf

Die Spieler einigen sich zunächst darauf, welche *tableaux* sich für die Dia-Show eignen, und überlegen einen Anlass ihrer Diavorführung. Das kann ein Geburtstag sein, ein Fest unter Freunden u. a. m. Dann bestimmen sie einen Spieler als *présentateur*. Dieser hat die Aufgabe, die Bilderfolge vorzustellen und/oder die Bilder zu kommentieren. Nun werden die einzelnen *tableaux* als *diapositives* gestellt. Der Übergang von einem Bild ins andere wird mehrmals vorwärts und rückwärts geübt. Besonders spannend wird die Bilderfolge, wenn die Anzahl der Personen auf den einzelnen Dias variiert. Unvorhergesehenes kann dadurch eingebaut werden, dass ein „Bild" (aus Versehen) zweimal oder verkehrt herum gezeigt wird. Der Reiz der Diashow kann durch das Hinzukommen eines Geräuschchors/einer Musikgruppe erhöht werden. Der Chor hat die Aufgabe, zu den einzelnen *tableaux* Geräusche zu produzieren, innere Monologe der Figuren zu sprechen oder Musik zu machen, am besten mit selbst gebastelten Instrumenten. Zum Schluss wird der Kommentar des *présentateur* erarbeitet: ein kurzer Satz für jedes Bild.

Der présentateur steht am linken vorderen Bühnenrand. Bei seinem ersten Auftritt und bei seinen Schlussworten steht er im Scheinwerferlicht. Der Chor agiert, wenn er das Bühnengeschehen musikalisch-rhythmisch begleitet, aus dem Off, wenn er selbst zur Spielgruppe wird, sichtbar auf der Bühne.

5.6.2. Technische Vorbereitungen

Für das Vorspiel wird ein Dia-Projektor eingesetzt. Er sollte so weit von der Wand entfernt aufgestellt werden, dass das Lichtbild mit dem Gruppenbild übereinstimmt. Die *tableaux*-Folge wird von den Spielern in den Rahmen, den die Projektionsfläche bietet, hineingespielt. Der Übergang von einem Bild in das andere wird für die Spieler durch Abdecken des Lichtscheins ermöglicht. Die einzelnen *tableaux* bleiben etwa sechs Sekunden stehen, der Übergang muss kürzer sein.

6. Personnage

Die Figurenfindung erfolgt überwiegend über Aktivitäten, die Spieler durch Bewegungen, Körperhaltungen oder auch durch Manipulation von Gegenständen erproben. Ein weiterer Zugang zur Figur ist das Sprechen von Texten in unterschiedlichen Stimmungen, Launen, zu bestimmten Tageszeiten, an unterschiedlichen Orten usw. Das Memorieren von Texten in der Bewegung kann ebenfalls zur Gestaltung einer Figur inspirieren.

6.1. Faire vivre son personnage

Die Spieler erproben in Gruppen mehrere Möglichkeiten, einen Text in verschiedenen Stimmungen, mit sprachlichen oder mit körperlichen Besonderheiten vorzutragen und entwickeln daraus eine Figur. Jeder Spieler zeigt der Gruppe seine Variante des Textvortrags. Die Zuschauer beobachten genau, um dem Spieler danach mitzuteilen, welche Aktion und welche Figur sie gesehen haben, zum Beispiel jemanden, der sich langweilt, eine freche, eine schüchterne, eine verklemmte Person usw. Nach dieser ersten Präsentation erhalten die Spieler den Auftrag, ihre Figuren durch Übertreiben zu „vergrößern". Unter Beachtung dieser Zusatzaufgabe spielt jeder Spieler seine Figur nochmals vor.

Consignes :
Faites vivre votre personnage :
– *Donnez-lui une identité : âge, sexe, lieu d'habitation, profession, centres d'intérêt, etc.*
– *Donnez-lui des particularités physiques, tics, handicaps physiques : parlez en zézayant, en bégayant, en ayant un rhume/le hoquet, en reniflant, en grelottant, en ayant un trou de mémoire, avec un accent étranger, en roulant les « r », etc.*
– *Donnez-lui une démarche : parlez en marchant d'un pas traînant, décidé, hésitant, en rentrant la tête dans les épaules, en vous balançant sur les talons, en balançant un bras, en avançant la tête comme une poule, en marchant comme une autruche/un pingouin, en vous gonflant comme un paon, etc.*
– *Donnez-lui une activité : parlez en courant, en passant l'aspirateur, en lisant le journal, etc.*
– *Donnez-lui une voix : douce/forte ; faible/puissante ; grave/aiguë.*
– *Donnez-lui des émotions : soyez gais, tristes, impatients, ennuyés, excités, énervés, furieux, etc.*

6.2. Donner une activité à son personnage

Für diese Art der Figurenfindung suchen die Spieler ein beliebiges oder vom Spielleiter bereitgestelltes Objekt aus, z. B. einen Schuh, eine Zeitung, ein Tuch, einen Pullover. Jeder Spieler geht mit seinem Objekt auf Erkundungsreise, indem er ausprobiert, was man mit ihm machen kann und welche Geräusche dabei entstehen. Die Arbeitsergebnisse werden so präsentiert, dass immer drei bis vier Spieler gleichzeitig ihren Umgang mit dem Gegenstand zeigen.
Weiterführende Übung :
Die Spieler reduzieren ihre Tätigkeit mit dem Objekt auf etwa drei wesentliche Abläufe und machen diese wiederholbar. Anschließend gibt der Spielleiter unterschiedliche Stimmungen ein wie z. B. « *Vous êtes fatigués* ». Die Spieler greifen die jeweilige Stimmung auf und modellieren damit ihr Spiel.

Consignes :
– *Choisissez un objet et découvrez tout ce que vous pouvez faire avec cet objet.*
– *Découvrez les bruits et les sons que votre objet produit. Faites-les ressortir et intensifiez-les.*
– *Continuez votre activité, mais changez votre état d'âme : vous êtes maintenant fatigués, pressés, amoureux. / Il fait très chaud. / Il pleut.*

II.

Unterrichtseinheiten zu drei Themenbereichen

1. Theaterspielen mit elementaren Sprachstrukturen

Premiers actes de paroles

Diese Einheit bietet Anregungen, die Schüler über Bewegung, Rhythmus und Sprache ins Spiel kommen zu lassen. Ausgangspunkt des Spiels sind einfache Kommunikationssituationen des Anfangsunterrichts wie: sich vorstellen, sich begrüßen, Kontakt aufnehmen.

Die **erste Sequenz** der Einheit führt in die Arbeit mit Theaterformen ein : Die Spieler machen sich mit der Bewegung im Raum vertraut, erproben Körperhaltungen, das Anhalten der Bewegung, die Trennung von Gestik und Sprache sowie einfache Bewegungsfolgen. Das Spiel dreht sich um das Thema *se présenter*. Der sprachproduktive Anteil ist für die Spieler relativ gering - ein französischer Vorname, eine einfache Satzstruktur: *Moi, je suis/je m'appelle...*

In der **zweiten Sequenz** kommt das Thema *se saluer* hinzu. Das Repertoire an Redemitteln wird erweitert. Im Vordergrund steht die Interaktion zwischen den Spielern: Eine Begrüßungsszene unter Freunden ist zu erarbeiten.

Die **dritte Sequenz** enthält eine umfangreichere Spielaufgabe: *Comment se dire bonjour*. Bei der Gestaltung der Begrüßungsszenen legen die Spieler zunächst Situation und Ort des Geschehens fest und entwickeln dazu eine Handlungs- und Bewegungsfolge.

1. Exercices d'initiation

1.1. Le mouvement gelé

Die Spieler tanzen zum Rhythmus einer Musik kreuz und quer durch den Raum. Beim Anhalten der Musik halten sie in der Bewegung inne. Beim Wiedereinsetzen der Musik wird die Haltung aufgelöst, die Spieler tanzen weiter.

Bei den folgenden Musikstopps frieren die Spieler wieder ein, nehmen jedes Mal eine extreme Körperhaltung ein, lösen sie auf und tanzen weiter. Dann entscheiden sie sich für eine Haltung, die sie beibehalten wollen.

Während sie sich weiter auf den Rhythmus der Musik bewegen, überlegen sie für sich einen französischen Vornamen. Beim Stopp der Musik nehmen sie ihre Körperhaltung ein und sagen daraufhin laut und deutlich den von ihnen gewählten französischen Vornamen,

1.2. D'abord le geste, puis la voix

Die Spieler bewegen sich weiter zum Rhythmus der Musik. Das Anhalten der Musik ist nun das Signal für die Partnerwahl. Jeder arbeitet mit dem Spieler, der ihm am nächsten steht. Die Spieler stehen sich partnerweise gegenüber und übernehmen jeweils die Rollen A und B. A nimmt eine Körperhaltung ein, die Freude ausdrückt und friert sie ein. B antwortet mit einer entgegengesetzten Körperhaltung, die er ebenfalls einfriert. A sagt nun laut seinen französischen Vornamen. B antwortet mit seinem. Erst dann werden die Körperhaltungen aufgelöst. Die Übung wird mit wechselnden Partnern mehrmals wiederholt.

1.3. S'installer dans une émotion

Die Spieler stehen im Kreis und sehen sich an. Sie stellen sich nacheinander vor, indem sie sich in eine augenblickliche Stimmung versetzen, die sie mit einer großen Bewegung und einem kurzen Satz ausdrücken.

Z. B.: *Tout joyeux :* « Je m'appelle Arthur ! »
Très triste : « Moi, je suis Marie ! »
Furieux : « Et moi, je suis Amal ! »

1.4. Une séquence rythmée pour se présenter

Es folgt eine letzte Vorstellung in Form einer einfachen, rhythmischen Bewegungsfolge: vier Schritte in die Kreismitte tanzen, in der Bewegung innehalten, laut und deutlich sich vorstellen, drehen und dann in derselben Bewegungsfolge wieder zurück.

2. Se dire bonjour entre amis

Als Sprachmaterial für diese Sequenz erhalten die Spieler das Arbeitsblatt KV 1 *Comment se dire bonjour ?*

In Gruppen zu viert / zu fünft erfinden sie ein Begrüßungsritual unter Freunden, das sie einüben. Dabei versetzen sie sich in verschiedene Stimmungen: *de bonne humeur, pressés, angoissés, fatigués.* Dann werden die Ergebnisse in verschiedenen Varianten präsentiert, z. B.:

– Die Szene ohne Text bzw. ohne Sprache spielen
– statt des vorgesehenen Textes die Zahlen von 1 bis 10 sprechen
– statt des Textes nur Laute ausstoßen

Dabei lernen die Spieler, sich vom Text zu lösen und ihre Körpersprache einzusetzen.

> Übung 2.3.3., S. 14.

3. Prendre contact dans des situations de tous les jours

Die Spieler finden sich in kleinen Gruppen zusammen, um eine Alltagsszene (z. B. *au bureau, dans le métro, à la cantine etc.*) zu gestalten. Innerhalb der Gruppen wird zunächst der Ort des Geschehens festgelegt. Dann findet jeder Spieler für sich eine Tätigkeit, die er während der Szene ausüben möchte. Die einzelnen Spielaktionen werden zu einer Szene zusammengeführt, in der sich die jeweiligen Spielaktionen in einem bestimmten Rhythmus wiederholen, so dass ein Bewegungsteppich entsteht. Danach übernehmen die Spieler Redeanteile: kurze Sätze, Ausrufe, Fragen.

Zum Schluss wird eine Begrüßung in die Szene eingebaut. Ein Überraschungseffekt, z. B. das Auftreten einer weiteren Figur oder ein neu eintretendes Ereignis, bringt Spannung in die Szene.

Als Sprachmaterial für diese Sequenz erhalten die Spieler die Kopiervorlagen *Comment prendre contact* (KV 2.1, 2.2)

4. A titre d'exemple : au bureau

Um einen großen Arbeitstisch herum wiederholen sich typische Büroabläufe: Computer bedienen, mit der Kaffeemaschine hantieren, Kaffee eingießen, Papiere hin- und hertragen, telefonieren, Aktenordner auf- und zuklappen. Währenddessen klingelt immer ein anderes Telefon, das jedes Mal von derselben Sprecherin abgenommen wird. Sie ist zuerst erstaunt, dann zunehmend ärgerlich. Beim Klingeln ihres Handys wechselt die Stimmung:

– *Allô ? Oui. Bonjour ?*
– *Allô ? Oui. Bonjour. Non. Elle n'est pas là.*
– *Allô ? Oui. Bonjour. Non. On (ne) sait pas où elle est.*
– *Allô ? Oui. Bonjour. Non. Mais enfin ! Robert, tu sais où est Catherine ?*

Das Handy: *Allô ? Oui chéri. Non, six œufs et une salade. Oui chéri, je t'embrasse. A tout à l'heure.*

Alle sehen in die Richtung der Sprecherin. Pause. Dann geht der Bewegungsteppich in normaler Geschwindigkeit weiter.

Premières situations de communication

Die zweite Einheit stellt Möglichkeiten des Einsatzes von Theaterformen im Kontext der Lehrwerksarbeit vor. In den ersten *unités* werden zumeist die wichtigsten Figuren mit den sie auszeichnenden Attributen in ihrem sozialen Umfeld gezeigt. Die Unterrichtseinheit nimmt dieses Prinzip der Präsentation auf und verbindet es mit dem Theaterspiel. Sie erläutert, wie die Schüler mit Hilfe der Technik des *tableau vivant* Bilder stellen können, die diverse Sprechanlässe schaffen.

In der **ersten Sequenz** machen sich die Spieler mit der Technik des *tableau vivant* vertraut. Dazu dienen verschiedene Bewegungsübungen, die in Einzel- und Partnerarbeit durchgeführt werden. In einer nächsten Übungsphase erproben die Spieler das Stellen von Gruppenbildern und lernen dabei die verschiedenen Ebenen des Raums zu nutzen. Anschließend üben sie, das Gruppenbild zu verändern und damit eine Serie von Bildern entstehen zu lassen. Der Einsatz der Sprache erfolgt bei der Präsentation der tableaux nicht durch die Spieler selbst, sondern durch die Zuschauer: Diese verleihen den Personen im tableau eine innere Stimme oder formulieren einen kurzen Kommentar.

Varianten zum Einsatz der *technique du tableau vivant* liefert die **zweite Sequenz**: Lehrwerksfiguren als Spieluhr. Diese können mit einer Stimme ausgestattet sein, die nur zu einem bestimmten Zeitpunkt zu hören ist. Für spielfreudige Gruppen ein großer Spaß!

Die **dritte Sequenz** bietet Anregungen zur Erarbeitung einer Theaterszene. Die Tableautechnik wird benutzt, um eine Dia-Show zu gestalten.

1. La technique du tableau vivant

1.1. Exercices d'initiation : le mouvement gelé et la statue

Die Spielerinnen und Spieler stehen im Kreis. Sie wählen einen Spielpartner, indem sie mit einer Begrüßungsgeste und einem Satz wie « *Bonjour, ça va ?* » einen Spieler ansprechen.

Nun stehen sich die Spieler partnerweise gegenüber und übernehmen jeweils die Rollen A und B. A macht eine kraftvolle, große Bewegung auf B zu, die er an einem Punkt anhält. B reagiert mit einer Bewegung, die er ebenfalls anhält. Die Übung wird so fortgesetzt, dass eine Bewegung auf die andere folgt und ein rhythmischer Bewegungsablauf entsteht, bei dem die Partner aufeinander reagieren. In einem nächsten Schritt kommt das Aussprechen je eines Nasals hinzu: [ã] – [õ]. Dann wird mit allen Nasalen gespielt: [ã] – [õ] – [ĩ].

Der Spielleiter beendet diese Übungsphase durch ein verabredetes Zeichen, z. B. durch Händeklatschen. Bei diesem Zeichen halten alle Spieler in der Bewegung inne: Sie werden zu *statues*. Die Spieler achten darauf, dass sie durch regelmäßiges, ruhiges Atmen ihre Position halten.

Ein erstes Paar wird vom Spielleiter „befreit". Diese „freien" Spieler stellen sich jeweils hinter der Figur eines Paares auf. Der erste Spieler spricht über die Schulter seiner Figur einen Satz, der ihm zu dieser Figur einfällt, z. B. « *J'ai chaud !* » Oder: « *Elle est sympa, la copine d'Amal !* » Der zweite Spieler reagiert mit dem nächsten Satz, z. B. « *Où est Amal ?* » Damit ist auch dieses Paar „befreit". Das Spiel geht so lange weiter, bis alle Figuren „erlöst" sind.

> Übung 5.1., S. 21.

1.2. Composer des tableaux vivants

Im weiteren Spielverlauf setzen die Spieler die *technique du tableau vivant* ein, um Figuren ihres Lehrwerks szenisch darzustellen. Dazu bilden sie Fünfergruppen, in denen jeder Spieler der Gruppe die Rolle einer Lehrwerkfigur übernimmt. Die Spieler beraten untereinander, welche Aktivitäten der Figuren gezeigt werden sollen, und erproben dazu verschiedene Körperhaltungen. Sie beraten sich gegenseitig und formen dann ein erstes *tableau*, in dem jeder eine Aktivität seiner Figur in einer Körperhaltung als Statue zeigt. Dann erprobt jeder Spieler eine zweite Aktivität aus seinem Repertoire und stellt sie der Gruppe vor. Daraus entsteht das nächste *tableau*. Nun übt die Gruppe den Übergang von einem *tableau* ins andere. Zum Schluss stellen sich die Gruppen gegenseitig ihre Bilderfolge vor. Das letzte *tableau* bleibt stehen. Die Zuschauer identifizieren die Figuren und beschreiben die gezeigten Aktivitäten mit einem Satz, z. B.: « *C'est Patrick. Il cherche son portable.* »

> Übungen 5.4., S. 22 und 5.5., S. 23.

2. La boîte à musique

Das Spiel mit den Lehrwerkfiguren kann fortgesetzt werden, um eine Variante der *technique du tableau vivant* kennenzulernen: die Spieluhr. Dazu finden sich die Spieler wieder in Gruppen zu fünft zusammen. Ein Spieler übernimmt die Rolle des Gruppenspielleiters, die anderen sind Lehrwerkfiguren. Sie stellen wie in der ersten Sequenz ihre Figur durch eine typische Körperhaltung dar. Die vier Spieler stellen sich im Kreis auf. Dann drehen sie sich in ihrer Körperhaltung zum Rhythmus einer Musik langsam mit ganz kleinen flachen Schritten um die eigene Achse. Die Spielleiter achten darauf, dass die Spieler die Geschwindigkeit ihrer Drehung aufeinander abstimmen, so dass der Eindruck einer Spieluhr entsteht. Die Spieluhr bleibt stehen, wenn die Figuren sich einmal um die eigene Achse gedreht haben. Dann sagt eine Figur ihren Namen und stellt sich vor, z. B.: « *Je suis Amélie. J'aime les BD allemandes.* »

> Übung 5.3., S. 22.

3. Les tableaux vivants présentés comme des diapositives

Im folgenden Spielverlauf setzen die Spieler die *technique du tableau vivant* ein, um Personen und Situationen aus Texten des Lehrwerks oder szenisch darzustellen. Dazu bilden sie Gruppen zu fünf bis sechs Spielern. Jede Gruppe stellt sechs bis acht *tableaux* zu einem Thema ihrer Wahl. Aus diesen *tableaux* wird dann eine Diaserie gestaltet.

> Übung 5.6., S. 23.

4. A titre d'exemple : Les Duteil à Paris

Die Familie Duteil wohnt nun schon ein Jahr in Paris. In den Sommerferien ist sie bei Freunden in Bandol eingeladen. Pierre hat eine Serie von Dias mitgebracht, die den Freunden vorgeführt werden:

1. Bild: Zwei Spieler posieren vor dem Eiffelturm, den andere Spieler mit ihrem Körper bilden:
« *Bonjour Paris.* »

2. Bild: Drei Spieler stapeln große Kartons. Der vierte Spieler wischt sich den Schweiß von der Stirn:
« *On déménage. Papa est épuisé.* »

3. Bild: Zwei Spieler knien am Boden, jeder guckt in eine andere Richtung:
« *Moi avec Aurore, la nouvelle voisine. On cherche son chat.* »

4. Bild: Noch mal das erste Bild mit dem Eiffelturm. Diesmal eine Spielerin davor.
« *Première promenade dans Paris. Maman devant la tour Eiffel.* »

5. Bild: Eine Gruppe von vier Fußballspielern:
« *Nos amis Dominique, Justin et Yves, et Camille, la soeur d'Aurore.* »

6. Bild: Drei Spieler mimen eine Musikgruppe:
« *La fête de la musique à Paris. Un groupe qui est très bien : Les Libellules. On a acheté le CD. Sandrine, tu pourrais mettre le CD ?* »

Mit einer solchen Dia-Schau kann man eine kleine Aufführung bestreiten. Für die Bühnenausstattung genügen eine Projektionsfläche, ein Projektor und ein Vorhang, der die Projektionsfläche einrahmt und die Spieler beim Wechseln der Bilder versteckt. Dazu können auch andere, vom Lehrwerk inspirierte oder von ihm unabhängige Themen gewählt werden, z. B. eine Klassenfahrt, eine deutsch-französische Begegnung oder eine im Unterricht behandelte Lektüre.

La musicalité des éléments linguistiques

Den Schwerpunkt dieser Einheit bildet der experimentierende, spielerische Umgang mit Lauten, Wörtern und einfachen sprachlichen Strukturen. Diese sprachlichen Elemente werden in eine Form gebracht, die zur selbstständigen Sprachproduktion einlädt. Dazu dient das Prinzip der Reihung nach leicht zu durchschauenden Prinzipien, wobei sich ein intrus als variierendes Element einmischen kann, z. B.: *Le, la, les / Lui, leur / Où ça ? Secret*. Zum kreativen Spiel mit diesen Sprachelementen werden Rhythmus, Bewegung und Musik eingesetzt.

In der **ersten Sequenz** lernen die Schülerinnen und Schüler, den Text eines einfachen Liedes in Bewegung und Musik umzusetzen.

Die **zweite Sequenz** bietet Atem-, Artikulations- und Rhythmusübungen.

In der **dritten Sequenz** werden verschiedene Rhythmusszenen mit Chor und Soli einzelner Gruppen gestaltet. Die Spieler arbeiten mit vorgegebenem Sprachmaterial, das sie variieren und zu eigenen Texten gestalten.

1. Entraînement vocal, rythmique et gestuel à partir d'un chant

1.1. Mémoriser le chant

Die Spieler stehen im Kreis. Sie lernen gemeinsam das Lied « *Le coq est mort* ».

> Le coq est mort, le coq est mort   (bis)
> Il ne dira plus cocodi cocoda   (bis)
> Cocococodi cocoda   (bis)

Sobald sie sich Melodie und Text eingeprägt haben, übernimmt ein Spieler die Rolle eines Dirigenten. Er hat die Aufgabe, als enthusiastischer Chorleiter eine müde Truppe zu dirigieren.

1.2. Groupe vocal et groupe gestuel

Es werden drei Gruppen mit je einem Dirigenten gebildet. Die Gruppen arbeiten gleichzeitig. Sie erhalten folgende Spielaufgabe:
Jede Gruppe singt eine Zeile, die damit zu ihrer „Singzeile" wird. Die beiden verbleibenden Zeilen gestaltet sie rhythmisch durch einfache, sich wiederholende, synchron ausgeführte Gesten. Dies sind für jede Gruppe dann ihre „Bewegungszeilen". Beim Einüben des Liedes achten die Dirigenten darauf, dass ihre Spieler sich bei ihren „Singzeilen" nicht bewegen, sondern nur dann, wenn die rhythmisch-gestischen Bewegungen an der Reihe sind. In der Übungsphase kann der Dirigent die verbleibenden Zeilen leise singen oder durch Lippenbewegungen andeuten, während die Spieler sich rhythmisch-gestisch bewegen und nur mit innerer Stimme mitsingen.

1.3. Exemple

Die Spielerinnen und Spieler stellen sich gruppenweise zu einem gemeinsamen Chor auf. Das Lied wird vollständig vorgetragen. Jede Gruppe bringt ihren Anteil ein. Das Lied wird als Kanon dreimal gesungen.

- Beim ersten Durchgang werden alle Zeilen von allen gesungen, die Gesten werden rhythmisch ausgeführt. Nur die Gruppe, deren „Singzeile" gerade dran ist, bewegt sich nicht.
- Beim zweiten Durchgang werden alle Zeilen nur rhythmisch-gestisch ausgeführt. Keiner singt. Bei ihrer „Singzeile" steht die jeweilige Gruppe still.
- Beim dritten Durchgang singt jede Gruppe wie beim ersten Durchgang ihre Zeile und bewegt sich dabei nicht, die anderen Zeilen trägt sie rhythmisch-gestisch vor.

2. Entraînement de la respiration, de l'articulation et du rythme

2.1. Respiration et articulation

Die Spielerinnen und Spieler stehen im Kreis und führen Atem- und Artikulationsübungen durch.

> Übungen 2.1.1.; S. 11, 2.1.2., S. 11; 2.1.3., S. 11; 2.2.1., S. 12; 2.2.3., S. 12; 2.3.1., S. 13; 2.3.2., S. 13.

Gearbeitet wird mit einer einfachen sprachlichen Struktur: « *Et oui, mais non, ça alors* ». Am Ende dieser Übungsphase bilden sich Gruppen zu vier bis fünf Spielern. Sie bekommen die Aufgabe, das sprachliche Material der Übung in eine rhythmische Sprechfolge zu bringen und anschließend ihre Ergebnisse vorzutragen.

Z. B.: Zwei Spieler wiederholen ständig: « *Non, mais non, mais non… !* » Die anderen unterbrechen drei Mal: « *Ça, ça, ça a-lors !* »

Zum Schluss üben die Spieler, einen Zungenbrecher so oft wie möglich auf ein Ausatmen zu sprechen, z. B.: *Six souris sans soucis sortent de leurs six trous.*

2.2. Tenir le rythme

Die Spieler stehen im Kreis und führen Rhythmusübungen durch.

> Übungen 3.1.1.; S. 15, 3.2.1.; S. 16; 3.2.2., S. 16; 3.3.1., S. 16.

Gearbeitet wird auch hier mit einfachen sprachlichen Strukturen wie « *Que c'est bon.* » für einen *rythme de trois temps* und « *Mais oui c'est bon.* » für einen *rythme de quatre temps*.

Die Übungssequenz kann wie folgt erweitert werden: Innerhalb des Kreises werden vier Gruppen gebildet. Der jeweilige Rhythmus wird von allen gemeinsam durch Bewegung und Sprechen gehalten. Jede Gruppe setzt den Akzent durch Klatschen auf eine andere Silbe. Zum Schluss hält die Gesamtgruppe den Rhythmus nur noch durch Bewegung, einzelne Spieler klatschen mit Synkopen dazwischen.

Variante :
Anstatt in die Hände zu klatschen, werden Körperteile „angeklatscht": Oberschenkel, Hüfte usw.

3. Mise en place de scènes rythmées

Es werden Gruppen zu fünf bis sechs Spielern gebildet. Sie erhalten die Aufgabe, ein kurzes Gedicht zu erfinden und dies in einen Dreier- oder Vierer- Rhythmus zu bringen. Pausen und Synkopen können eingebaut werden. Die Gedichtzeilen werden von den Spielern rhythmisch vorgetragen, miteinander, gegeneinander, nacheinander.

Inspiration zum Verfassen poetischer Texte bietet das Arbeitsblatt *Comment faire un poème* (KV 3). Es ist auch möglich, dass eine Gruppe ein ihr bekanntes Lied umtextet und durch „Chorsingen" gestaltet.

Mit den in dieser Einheit vorgestellten theatralen Mitteln, dem Chorsingen und dem Rhythmisieren von Texten, kann man, auf der Grundlage von aktuellen Liedern, Melodien, Rhythmen und Texten einen Sprech- und Bewegungschor oder einen Gestentanz und damit einen musikalisch- szenischen Beitrag für eine Theateraufführung gestalten.

2. Theaterspielen mit poetischen Texten

Il était un petit navire
(chanson populaire)

Das im Genre einer Ballade gehaltene Lied vom Schiff in Not eignet sich für eine szenische Umsetzung besonders gut, denn es ist aktionreich, viele Rollen sind zu vertreilen und es ist in klare Handlungsetappen eingeteilt, die Strophe für Strophe aufeinander folgen. Der Inszenierungsvorschlag der Einheit folgt dieser Struktur und bringt sie durch den Einsatz verschiedener theatraler Mittel wie der Tableautechnik, der Rhythmisierung von Bewegungen sowie edn Wechsel von Chorsingen und Soli einzelner Spieler zum Tragen.

Die **erste Sequenz** bietet Anregungen für *activités avant et après la lecture du texte*. Das Material kann in kooperativen Arbeitsformen binnendifferenziert eingesetzt werden.

In der **zweiten Sequenz** werden zur Einstimmung Atem-, Artikulations- und Rhythmusübungen angeboten.

In der **dritten Sequenz** wird das Lied in aufeinander aufbauenden Schritten erspielt und auswendig gelernt. Zum Schluss wird die Gesamtchoreografie erstellt.

Die **vierte Sequenz** gibt Anregungen für die Ausarbeitung der Choreografie zu einem kurzen Theaterstück.

1. La découverte du texte

Zur eigenständigen Erarbeitung des Liedtextes stehen drei Arbeitsblätter (KV 5, 6 und 7) mit unterschiedlichen Aufgabenstellungen zur Verfügung, die binnendifferenziert eingesetzt werden können.

Die Spieler sichten zunächst das Material und entscheiden dann, welche Aufgabe sie bearbeiten möchten. Sie finden sich mit einem Partner oder in Gruppen zusammen, lösen gemeinsam eine Aufgabe und bereiten die Präsentation ihrer Arbeitsergebnisse vor. Die Gruppen stellen ihre Ergebnisse nacheinander vor, oder die Mitglieder der einzelnen Gruppen besuchen sich gegenseitig. Die erste Arbeitsphase wird durch das gemeinsame Singen der ersten Strophe des Liedes beendet.

2. Exercices d'initiation

2.1. Respiration et articulation

Zur Einstimmung wird die Übung 2.2.3. « *Des voyelles* » S. 12 durchgeführt. Anschließend sprechen die Spieler einen *vire-langues* auf verschiedene Art und Weise: gähnend, mit einem Bonbon im Mund, mit zusammengepressten Lippen.

> Übung 2.3.2., S. 13.

2.2. Coordination du geste, du rythme et de la voix

Es folgt eine Rhythmusübung, die zuerst gemeinsam von allen Spielern, dann in Partnerarbeit durchgeführt wird. Die Spielpartner üben eine rhythmische Bewegungs- und Sprechfolge so ein, dass sie sie exakt wiederholen können. In einer ersten Übungsphase erleichtern sie sich das Halten des Rhythmus durch lautes Sprechen von Hilfswörtern wie « *un, deux, (tourner la) tête* ». Dann verzichten sie auf das Zählen und sprechen nur noch die Dialogteile.

> Übung 3.5.1., S. 17.

3. Mise en situation

3.1. Les membres de l'équipage et leurs activités respectives

Zuerst müssen die Rollen auf dem Schiff besetzt werden. Dafür sucht sich jeder Spieler eine Rolle aus, z. B. *capitaine, officier, cuisinier, mousse, matelot.*

Dann überlegen sich die Spielerinnen und Spieler eine Tätigkeit, die ihre Figur auf dem Schiff ausüben könnte. Diese sollte nicht mehr als drei große, deutlich sichtbare, im Raum wirksame Bewegungen enthalten. Die Ideen werden sofort spielerisch umgesetzt. Alle führen gleichzeitig ihre Aktion aus, z. B.:

hisser la voile – regarder dans une longue-vue – donner un ordre – enrouler une corde – laver le pont – jeter de l'eau par-dessus bord – tenir le gouvernail – repeindre le bateau – agiter une poêle – peler des pommes de terre, etc.

Der Spielleiter berät die Spieler und gibt Anregungen. Er achtet darauf, dass alle Rollen besetzt und unterschiedliche Aktivitäten gewählt werden. Er achtet ferner darauf, dass die Spieler einfache Tätigkeiten wählen, die leicht zu wiederholen sind, dass sie ihre Aktion auf einige Bewegungen reduzieren und die drei Raumebenen beachten. Er verteilt Einzelspieler im Raum und bündelt einige Aktionen und Rollen, indem er 2-er, 3-er und/oder 4-er Gruppen zusammenbringt. Den Gruppen gibt er Tipps, wie sie einen gemeinsamen Rhythmus und ein Zusammenspiel in Bewegung und Haltung finden können.

Nach dieser Übungsphase werden die Ergebnisse der Einzelspieler und der Kleingruppen präsentiert. Dann spielen alle gemeinsam und singen die erste Strophe. Dabei wiederholen sie ihre Aktionen ständig in demselben Rhythmus.

3.2. Chorégraphie de la première strophe

Die Gestaltung der ersten Strophe ist das Herzstück der Inszenierung des Liedes. Die hier erarbeiteten Bilder und Bewegungsfolgen stellen den Ausgangspunkt für die Inszenierung der folgenden Strophen dar. Deshalb sollte sich die Lerngruppe ausreichend Zeit für deren Ausarbeitung nehmen.

Jeder Einzelspieler und jede Spielgruppe findet auf der Basis seiner/ihrer Tätigkeit ein *tableau*. Dann werden die einzelnen *tableaux* im Raum zu einem Gesamtbild gruppiert. Der Spielleiter achtet darauf, dass in diesem „Ausgangstableau" die verschiedenen Raumebenen und -richtungen besetzt werden. Der szenische Raum wird mit Seilen, Stoffbändern oder Kreide zu einem Dreieck eingegrenzt, das den Bug des Schiffes darstellt.

3.3. Proposition de chorégraphie

In den nun folgenden Erarbeitungsphasen wird jede Strophe für sich erspielt und mehrmals gesungen. Einzelne Spieler erhalten ein Requisit: der *cuisinier* z. B. eine große Pfanne, der *premier officier* ein Fernrohr, der *deuxième officier* ein Bündel langer Stöcke für die Szene *tirer à la courte paille*. Zwischen den langen Stöcken befindet sich ein kürzerer, durch einen roten Punkt markierter Stock für den *mousse*. Außerdem sollten die für die *scène miracle* benötigten Requisiten zur Verfügung stehen oder zuvor hergestellt werden: Fische, auf Papier/Karton gemalt, ausgeschnitten und dann an einer Schnur oder an Stöcken befestigt. Die Spielgruppe geht wie folgt vor:

1ère strophe :
Die Spieler stehen im Ausgangstableau (vgl. Punkt 3.2).

2ème strophe :
Die Spieler schwanken in einem gemeinsamen Rhythmus von links nach rechts: Das *tableau* beginnt sich zu bewegen. Tätigkeiten werden dabei nicht ausgeführt.

3ème strophe :
Die Spieler gehen zur Aktion über, wobei sie ihre jeweiligen Tätigkeiten in fließender Bewegung ausführen: Es entsteht ein Bewegungsteppich. Währenddessen spielt sich der *cuisinier* durch eine von dem Bewegungsteppich deutlich abgehobene Aktion in den Vordergrund. Diese Aktion ist das Solo des *cuisinier*: Er macht mit seiner leeren Pfanne deutlich, dass es nichts mehr zu essen gibt.

4ème strophe :
Der *deuxième officier*, ausgestattet mit dem Bündel von Stöcken, kommt mit großen Schritten zur Mitte. Dann folgen die andern Spieler und gruppieren sich um den *officier* herum, bereit die *courte paille* zu ziehen. Auf das erste Stichwort im Liedtext (*tira*-bis) greifen alle nach den Stöcken. Auf das zweite Stichwort (*mangé*-bis) ziehen alle gleichzeitig mit einem Ruck einen Stock (der mit dem roten Punkt ist für den *mousse* reserviert) und bleiben dann im *tableau* stehen.

5ème strophe :
Die Spieler gehen einen Schritt zurück, sehen ihren Stock an, dann gehen alle Blicke wieder mit einem Ruck auf den *mousse*.

6ème strophe :
Solo des *mousse*: Er tritt nach vorne, wirft sich auf die Knie und ringt die Hände. Auf das Stichwort *Ohé* gehen alle drohend einen Schritt auf ihn zu und bleiben dann wiederum im Tableau stehen.

7ème et 8ème strophes :
Der *mousse* singt händeringend sein Solo.

9ème strophe :
Das Wunder der Rettung wird durch einen Überraschungseffekt inszeniert, den der Einsatz von Schwarzlicht (siehe Glossar) bewirkt. Das Schwarzlicht sollte am Anfang der Strophe eingeschaltet werden, so dass es aufleuchtet, wenn alle Spieler auf das Stichwort *grand miracle* dorthin sehen.

10ème strophe :
Auf das Stichwort *p'tits poissons* tauchen die Fische plötzlich auf, vom Schwarzlicht beleuchtet, und zappeln im „magischen" Licht.

11ème strophe :
Alle Spieler kommen nach vorn, greifen nach den Fischen und werfen sie in die Pfanne des *cuisinier*. Es folgt der Freudentanz aller Spieler.

12ème strophe :
Die Inszenierung dieser Strophe ist identisch mit der ersten: Die Spieler stehen im Ausgangstableau und bewegen sich nicht.

4. Pour aller plus loin

Mit einigen zusätzlichen Proben und einer weitergehenden Ausstattung des szenischen Raums kann die Unterrichtsarbeit in eine „bühnenreife" Inszenierung gebracht werden.

4.1. L'aire de jeu

Der szenische Raum, während der Erarbeitungsphase lediglich durch Kreide markiert, wird durch ein Stoffband geschaffen, das drei Spieler festhalten. Der erste steht am vorderen linken Rand der Bühne, der zweite am vorderen rechten Rand, der dritte hinten in der Mitte. Auf diese Weise wird das Dreieck, dessen Spitze nach hinten zeigt, sichtbar für alle zum Bug des Schiffes. Die Spieler befinden sich im Innenraum des Dreiecks. Das Stoffband kann auch an Kartenständern o. ä. befestigt werden.

4.2. Les décors

Für die Gestaltung der *Scène miracle* gibt es verschiedene Varianten.
– Die Fische sind an einer Schnur befestigt. Diese wird von zwei Spielern am vorderen Rand der Bühne hochgezogen und dann bewegt, so dass die Fische zappeln.
– Je ein Fisch ist an einem Stock befestigt: Die Stöcke werden von Spielern getragen, die plötzlich unterhalb der Bühne/am vorderen Bühnenrand auftauchen.

4.3. Les rôles

Zusätzlich zu den erwähnten Figuren sind noch folgende Rollen zu besetzen:
– 3 Spieler für das Halten des Tuches
– 2 Spieler für das Halten der Schnur, an dem die Fische zappeln
– 1 Spieler für die Bedienung des Schwarzlichts
– evtl. ein Chor

4.4. Les costumes

Am besten eignet sich eine einheitliche Kostümierung: blau-weiß gestreifte T-shirts, dunkle Jeans, weiße Mützen. Der *mousse* sollte sich durch eine Kleinigkeit von den andern unterscheiden, etwa durch die Farbe des T-shirts oder durch ein Halstuch.

Axelle Red : Les voisins
(chanson)

Wer kennt ihn nicht, den Ärger über die Nachbarn von oben, die genau zu der Zeit aktiv werden, zu der man selbst am liebsten und am tiefsten schläft, die sich gegenseitig argwöhnisch beobachten und ungewöhnliche, ihnen fremde Lebensgewohnheiten genau und missbilligend registrieren? Axelle Red singt davon ein Lied mit einer klaren Botschaft. Sie führt ihre Nachbarn vor und schildert anschaulich, wie sie ihnen im Treppenhaus begegnet. Auf diesen Elementen der Handlung baut die Inszenierungsidee der Unterrichtseinheit auf, indem sie beide Gruppen einander gegenüberstellt und sich treffen lässt. Schwerpunkt der Theaterarbeit sind die Figurenfindung, die Bewegung im Raum und der Vierer-Rhythmus, der den Rhythmus des Liedes aufnimmt und den *activités* der Nachbarn einen besonderen Charakter verleiht.

In der **ersten Sequenz** werden Rhythmus- und Bewegungsübungen im Raum angeboten und mit dem Einüben kurzer Begrüßungsdialoge verbunden.

Die **zweite Sequenz** stellt Möglichkeiten der Texterarbeitung vor.

In der **dritten Sequenz** werden die Figuren mit ihren verschiedenen activités erarbeitet.

Die **vierte Sequenz** führt die einzelnen Spielaktionen zusammen.

Die **fünfte Sequenz** beschreibt ein Aufführungsbeispiel.

1. Echauffement global

1.1. Se déplacer dans l'espace

Die Spieler gehen kreuz und quer durch den Raum. Nach Anweisungen des Spielleiters, dann nach ihrem eignen Impuls erproben sie verschiedene Arten zu laufen, z. B. die Füße flach aufsetzen, auf Zehenspitzen gehen, trippeln, in unterschiedlichen Geschwindigkeiten, in unterschiedlichen Stimmungen gehen.

> Übung 4.2. S. 19.

1.2. Un rythme sonore à 4 temps

Die Spieler sitzen im Kreis. Sie üben einen Vierer-Rhythmus durch Händeklatschen ein. Zuerst wird regelmäßig geklatscht, dann werden unterschiedliche Akzente gesetzt. Wenn der Rhythmus steht, wird das Händeklatschen durch andere Geräusche ersetzt wie z. B. mit der Handfläche klopfen, mit den Fersen stampfen, schleifen, mit den Fingern schnipsen, mit der Zunge schnalzen und ... bellen.

1.3. Séquence rythmée : se présenter

Die Spieler stehen im Kreis und sehen sich an. Sie kommen nacheinander in die Kreismitte und nehmen eine Körperhaltung und eine Mimik ein, die eine Stimmung ausdrückt: *joyeux, souriant, triste, énervé, le sourire en coin.*

Dann kommen sie mit einer einfachen rhythmischen Bewegungsfolge in die Kreismitte, z. B. zwei Schritte nach vorne, mit dem Kopf nicken, lächeln, Körperdrehung, zwei Schritte zurück, Körperdrehung, lächeln. Die Übung wird zuerst einzeln, dann mit einem gegenüberstehenden Partner durchgeführt. Wenn sich die Partner in der Kreismitte treffen, lächeln sie sich auf unterschiedliche Weise an.

1.4. Séquence rythmée : se dire bonjour entre voisins

Die Spieler finden sich zu Paaren zusammen und entwickeln ein Begrüßungsritual unter Nachbarn, bei dem das zur Begrüßungsformel gehörende Lächeln eine wichtige Rolle spielt. Für diese Aufgabe werden verschiedene Dialoge, die stets vier Repliken enthalten, vorgegeben bzw. von den Spielern nach diesem Muster selbst formuliert, z. B.:

1. « Bonjour. » 2. « On se connaît ? » 3. « Mais oui ! » 4. « Vous êtes sûr ? »

Dann üben die Spielpartner eine Schrittfolge ein, auf die sie den Dialog sprechen und sich je ein Lächeln geben, wobei die Art des Lächelns kontrastiert, z. B. ein freundliches Kopfnicken gegen ein provozierendes Grinsen. Nach der Übungsphase werden einige Paare eingeladen, ihre Ergebnisse zu zeigen.

> Übung 3.5.2., S. 18.

1.5. Rimer sur des mots qui se terminent en « in » et « en »

Die Spieler stehen im Kreis. Der Spielleiter eröffnet eine Reimsequenz mit zwei Wörtern, die auf den Nasal « in » enden, z. B. *vin, matin, Julien, bien, coin, pain, vient, demain, copain, faim, voisin*. Die Spieler setzen die Reihe fort.

Dann eröffnet er eine neue Sequenz mit dem Nasal « en », z. B. *avant, vent, temps, Jean, va-t-en !*, die ebenfalls von den Spielern aufgegriffen wird.

2. Présentation de la chanson

Das Lied wird einmal ganz vorgespielt. Die Schüler äußern erste Eindrücke. Nach nochmaligem Hören des Liedes erfolgt eine Phase der Texterarbeitung, die sich um die Frage dreht : « *Qui fait quoi en faisant quel bruit ?* » Dabei notieren die Schüler zunächst die von der Protagonistin genannten Nachbarn mit ihren Charakteristika, ferner deren für die Protagonistin nervigen Aktivitäten und letztlich die dazu gehörenden Geräusche. Zum Schluss klären sie die o. g. Frage, indem sie Aktivitäten und Geräusche den jeweiligen Personen zuordnen. Die Auseinandersetzung mit dem Text kann in eine Phase des freien Sprechens münden, in der die Spieler zunächst auflisten, über welche Nachbarn sie sich aus welchen Gründen ärgern, und auf dieser Grundlage eine kurze „Meckerszene" spielen.

Anregungen für diese Arbeitsphase finden sich auf KV 9.

3. Trouver son personnage

Die zuvor aufgelisteten Aktivitäten wie *faire le ménage à 7 heures du matin* werden nun konkretisiert und ins Spiel umgesetzt, z. B.:

– *balayer / tirer un aspirateur*
– *jouer du piano*
– *taper avec un marteau*
– *arroser les fleurs*
– *guetter son voisin avec une longue-vue*
– *promener un chien qui aboie*

Für Personen, deren Charakteristika und deren Aktivitäten im Text lediglich angedeutet sind, denken sich die Spieler konkrete Aktionen aus, z. B.:

– *lire le journal*
– *porter un pain sous le bras*
– *ouvrir et fermer un sac*
– *jouer au ballon, etc.*

Der Spielleiter stellt folgende Objekte zur Verfügung: Plastiksäcke bzw. Einkaufstaschen, Besen, Stöcke in unterschiedlicher Länge, Zeitungen, Seile, Papierrollen, Bälle, Gießkannen. Die Spieler erhalten die Aufgabe, eine der o. g. Tätigkeiten und einen Gegenstand auszuwählen, mit dem Gegenstand zu hantieren und dabei verschiedene Geräusche auszuprobieren. Nach einer Phase der Erprobung entscheiden sie sich für eine Tätigkeit, die sie in eine Bewegungsfolge von vier Einheiten bringen und mehrmals wiederholen.

Nun gibt der Spielleiter einen kurzen Text ein, den die Spieler auf ihre Bewegungsfolge singen bzw. rhythmisch sprechen. Es handelt sich um den im Hinblick auf seinen späteren Einsatz leicht veränderten Refrain des Liedes:

« *On n'aime pas ses voisins*
Leurs chiens et leurs gamins
On n'aime pas ses voisins
Et on doit dire qu'ils nous l'rendent bien. »

Zum Schluss gibt der Spielleiter verschiedene Stimmungen ein, die von den Spielern aufgegriffen werden, wie z. B.:

« *Il fait beau. La journée commence. / C'est la fin de la journée. Vous êtes fatigués. Vous en avez assez. / Vous êtes pressés* ».

4. Mise en place de mini-scènes :

Die Spielgruppe teilt sich in zwei Gruppen auf: in eine Rhythmusgruppe, die in jeder Strophe immer dieselbe Bewegungsfolge, mal mit, mal ohne Geräusche ausführt, und eine Aktionsgruppe, deren Spieler je eine Aktion übernehmen, diese aber in unterschiedlichen Strophen zeigen. Dazu kommt die Solospielerin, die die Rolle der Protagonistin übernimmt. Das in der vorangegangenen Sequenz erarbeitete Spielmaterial wird zur Gestaltung der Spielszenen genutzt.

– Die Rhythmusgruppe:

Sie erhält die Aufgabe, die folgenden vier Tätigkeiten mit den dazu gehörenden Geräuschen (*balayer ; jouer du piano ; frapper avec un marteau ; promener un chien qui aboie*) so aufeinander abzustimmen, dass sie in einem Vierer-Rhythmus aufeinander folgen. Die Rhythmusgruppe führt ihre Tätigkeiten aus, bewegt sich aber nicht im Raum.

– Die Aktionsgruppe:

Die Spieler dieser Gruppe wählen einen der folgenden Gegenstände aus: *sac, journal, baguette, arrosoir, longue-vue, ballon*. Sie erhalten die Aufgabe, als Passanten die Protagonistin zu begrüßen und dabei mit ihrem Gegenstand zu hantieren. Dazu entwerfen sie eine Bewegungssequenz im Raum auf je vier Einheiten, und zwar nach folgendem Muster:

1. Vier Schritte vorwärts, stehen bleiben
2. Vier Tätigkeiten mit dem Gegenstand ausführen, z. B.:
   le sac : ouvrir, fermer, regarder à l'intérieur, laisser tomber
   le journal : ouvrir, fermer, plier, mettre dans le sac
   la baguette : la porter sous le bras gauche, la mettre sous le bras droit, en manger un morceau, la faire tourner
3. Lächeln, Grußformel, lächeln, umdrehen
4. Vier Schritte zurück

Für die Ausgestaltung ihrer Schrittfolge lassen sie sich von den in der Aufwärmübung erprobten Gängen inspirieren.

– Die Protagonistin:

Die Protagonistin überlegt sich zwei unterschiedliche Tätigkeiten, die sie einübt und wiederholbar macht: eine Aktion, mit der sie ihre Nachbarn besonders stört, und eine andere, die sie speziell auf ihrem Balkon ausführt.

5. A titre d'exemple

5.1. La 1ère strophe

Die Spieler der Aktionsgruppe stehen auf der rechten Seite des Raumes. Die Spieler der Rhythmusgruppe stellen sich in der Mitte des Raums auf eine Kreislinie und führen ihre rhythmische Bewegungsfolge mit Geräuschen durch. Die Protagonistin tritt von links auf, geht auf die Rhythmusgruppe zu, umkreist sie, beobachtet sie kritisch oder genervt. Dann geht sie in den Kreis hinein, dort angekommen, spricht sie den Refrain, worauf die Spieler der Rhythmusgruppe mit ihrer Aktion aufhören und sich nur noch wie eine Spieluhr im Kreis drehen.

5.2. La 2ème strophe

Die Protagonistin steht wieder links. Die Rhythmusgruppe steht links hinten, diesmal auf einer Linie aufgereiht. Sie spielt den gleichen Rhythmus wie in der ersten Strophe.

Auf diesem Rhythmus geht der erste Passant von rechts mit vier Schritten auf die Protagonistin zu, bleibt stehen und führt seine Aktion mit dem Begrüßungsritual durch, dreht sich um und geht zurück. Dann startet der nächste. Die Protagonistin kommt in dieser Szene langsam von der linken auf die rechte Seite, den Passanten entgegen und bleibt immer dann stehen, wenn auch diese stehenbleiben oder zurücklaufen. Sie variiert ihre Reaktion auf die Begrüßung der Passanten und singt, während diese zurückgehen, immer den Refrain.

Wenn die Protagonistin den Refrain singt, führt die Rhythmusgruppe nur ihre Bewegungsfolge durch, ohne Geräusche.

5.3. La 3ème strophe

Rhythmus- und Aktionsgruppe stehen hinten zusammen. Die Rhythmusgruppe spielt wieder ihren Rhythmus, auf den die Protagonistin von der rechten Seite der Bühne kommt. Sie trägt einen CD-Player und eine Strandtasche, kommt zur Bühnenmitte, legt sich hin, macht den CD-Player an. Das Chanson « Les voisins » ertönt. Dies ist das Zeichen für die Rhythmusgruppe, mit den Geräuschen aufzuhören und den Rhythmus nur noch mit Bewegungen zu markieren. Die Protagonistin cremt sich ein. Während sie sich eincremt und sonnt, gehen die Spieler der Aktionsgruppe bedrohlich auf sie zu und bilden einen Halbkreis um sie herum.

Sobald das Chanson zu Ende ist, werden die Bewegungen wieder mit Geräuschen durchgeführt. Nun treten vier Spielerinnen bzw. Spieler aus dem Halbkreis heraus, die erste hält einen Stock, die zweite eine Gießkanne, der dritte ein Fernrohr, der vierte bellt. Zum Schluss stehen alle Spieler im *tableau* und sprechen bzw. singen die leicht veränderte Version des Refrains.

Boby Lapointe :
Ta Katie t'a quitté
(chanson)

Reizvoll an diesem Lied (KV 13) sind der Humor, gereimt aus Alliterationen, Klangwiederholungen und Wortspielen, sowie der eingängige, akzentuierte tänzerische Rhythmus. Bobby Lapointe erzählt von einem *russe blanc qui est noir*, denn er ertränkt in einer Bahnhofsbar seinen Liebeskummer, woraufhin er in einen tiefen Schlaf versinkt. Das *tic tac* eines Weckers durchzieht seine Träume und verleiht dem Lied seinen charakteristischen Rhythmus. Die folgende Unterrichtseinheit bietet Anregungen, mit dem sprachlich anspruchsvollen Gedicht spielerisch umzugehen. Im ersten Teil der Einheit wird mit einer reduzierten Fassung des Liedtextes gearbeitet. Diese dient als Spielvorlage. In einem zweiten Teil werden die Schülerinnen und Schüler im kreativen Schreiben an den Originaltext (KV 15) herangeführt.

In der **ersten Sequenz** werden Übungen zur Bühnenpräsenz sowie Atem- und Sprechübungen angeboten.

In der **zweiten Sequenz** werden zwei Strophen des Gedichts in der reduzierten Fassung erarbeitet. Die Spieler lernen den Text in verschiedenen Bewegungs- und Rhythmusübungen auswendig.

In der **dritten Sequenz** setzen die Spielgruppen den Text in Spielaktionen um. Drei Aufführungsbeispiele werden beschrieben.

Die **vierte Sequenz** bietet Vorschläge zur weiteren Arbeit mit dem Chanson.

1. Echauffement global

Die Spieler stehen im Kreis und führen Joggingbewegungen auf der Stelle aus. Jeder Spieler kommt einmal in die Kreismitte, wobei er die Joggingbewegung beibehält und, in der Mitte angekommen, die Luft ausstößt und laut und deutlich ruft: « *Me voilà !* » Oder : « *C'est moi !* » Dann joggt er rückwärts wieder zurück.

> Übung 1.3., S. 11.

Es schließt sich die Übung 2.1.3., S. 11 an, die mit folgender Variante eingesetzt wird: Am Ende der Bewegung erfolgt das Ausstoßen der Verbindung eines „weichen" Konsonanten mit dem Vokal « a », z. B.: *La !, Ma !, Va !*, dann werden die „harten" Konsonanten P, T, K mit Zwerchfellbewegung ausgestoßen, z. B.: *Pa !, Ta !, Ka !*

Am Ende dieser Einstimmungsphase führen die Spieler jeweils mit einem Partner eine Atemübung durch, die durch die Betätigung der Bauchmuskulatur Kraft für das Atmen gibt.

> Übung 2.2.5., S. 12.

2. A la découverte de la chanson

Als Arbeits- und Spielvorlage dient folgende gekürzte und adaptierte Fassung des Liedes.

Première strophe :
Ce soir au bar
de la gare
Igor hagard est noir
Il n'arrêt'guèr'de boir'
car sa Katie, sa jolie Katie vient de le quitter
Sa Katie l'a quitté

Deuxième strophe :
Tic tac tic tac
Ta Katie t'a quitté
Tic tac tic tac
Ta Katie t'a quitté
Tic tac tic tac
T'es cocu, qu'attends-tu ?

2.1. *La 1ère strophe*

Der Spielleiter präsentiert zunächst die erste Strophe des Gedichts in einem mimisch-gestischen Vortrag und lenkt dabei das Interesse der Spieler auf die lautmalerische Gestaltung des Textes. Dann erhalten die Spieler den Text und lesen beim zweiten Durchgang mit.

Dann wird die erste Strophe in verschiedenen Bewegungsübungen auswendig gelernt. Die Spieler gehen kreuz und quer durch den Raum, jeder mit seinem Text in der Hand. Zuerst wird der Text unbetont-leiernd aufgesagt. Dann ändert sich die Art der Bewegung, die Spieler gehen schneller, rennen, kriechen u. s. w. Das monotone Sprechen wird beibehalten.

> Übung 2.3.5., S. 15.

Dann wird der Text auf verschiedene Art und Weise gesprochen, eine weitere Übung zum Memorieren des Textes und gleichzeitig eine Anbahnung zur Figurenfindung.

> Übung 2.3.3., S. 14.

2.2. La 2ème strophe :

Der Spielleiter trägt den Text der zweiten Strophe mehrmals vor. Dann wird auch diese Strophe auswendig gelernt, diesmal durch Rhythmisierung des Textes.

Zunächst arbeiten die Spieler mit einem Partner. Diese stehen einander gegenüber und geraten langsam ins Schwanken. Sie halten einen Viererrhythmus, der dem Versmaß des Gedichts entspricht. Wenn sie die Bewegung und den Rhythmus gefunden haben, wiederholen sie darauf ohne Unterbrechung den Text:

1 Tic   2 Tac   3 Tic   4 Tac
1 Ta   2 Katie 3 t'a   4 quitté

Dann führen sie die Übung Rücken an Rücken durch, um in einem nächsten Schritt einige Körperhaltungen auszuprobieren, in denen sie – parallel oder gegengleich – denselben Text auf denselben Rhythmus wie zuvor sprechen. Eine Bewegungsform wird ausgewählt und eingeübt. Die Ergebnisse werden präsentiert.

In der letzten Übung wird der Text in eine rhythmische Bewegungsfolge umgesetzt. Dazu werden zwei große Gruppen gebildet. Sie erhalten zehn Minuten Zeit, um einen Chor einzustudieren, bei dem der Text in einer Bewegungsformation gesungen wird. Die Gruppen einigen sich auf das Genre ihrer Musikgruppe: eine Folkloregruppe, eine Rap-Gruppe, ein Kinderchor? Oder: Das Chanson als Wiegenlied? Als Fangesang im Fußballstadion?

3. Improvisation

3.1. Mise en place du scénario

Es werden drei Gruppen gebildet. Sie erhalten die Aufgabe, eine Spielaktion zu erarbeiten, bei der der Text der beiden Strophen gesprochen wird.
Um eine interessante Situation zu finden, die mit verschiedenen Figuren szenisch umgesetzt werden kann, werden die Spieler aufgefordert, innerhalb ihrer Gruppe den Text zunächst mit verschiedenen « handicaps » zu sprechen, z.B. : *en éternuant, en reniflant* etc. Dann werden verschiedene Situationen erprobt, z. B. *une campagne électorale, en mourant de soif dans le désert, en ayant mal aux dents* etc. Anschließend einigen sich die Spieler auf eine Situation und klären folgende Fragen :
– *Où se passe l'histoire ?*
– *Que font les personnages ?*
– *Qui dit quel texte et comment ce personnage le dit-il ?*

Nun können die Gruppen ihre Szenen erspielen.

3.2. A titre d'exemple :

La lettre
Die Gruppe ist in Chor und Spieler aufgeteilt. Zwei Spielerinnen stehen hintereinander und schwanken von rechts nach links. Der Chor spricht darauf ein leises *Tic tac* (Pendel und Geräusch einer Standuhr). Ein Spieler sitzt am Tisch, ein Blatt Papier vor sich, einen Stift in der Hand. Er kritzelt einige Zeilen aufs Papier « *Ce soir au café...* », streicht sie wieder durch. Ab und zu sieht er zur Uhr. Dann: « *Ce soir chez Lucie ...* ». Nochmaliges Durchstreichen. Dann: « *Ce soir au bar de la gare !* » Jetzt hat er seinen Textanfang gefunden. Auf das « *Tic tac* » des Chores komponiert er weiter.

La dictée
Der Lehrer möchte endlich mit dem Diktieren des Chansontextes anfangen. Die Schüler machen Unsinn, der Lehrer versucht sich stimmlich durchzusetzen. Als er zur Formel « *Tic tac* » greift, ist er erfolgreich. Nun kann er sein Diktat beginnen. Die Schüler sprechen dabei laut mit: « *Ce soir au bar...* »

Le repas
Diese Gruppe ist ebenfalls in Chor und Spieler aufgeteilt. Drei Spieler und eine Spielerin sitzen um einen Tisch herum und hantieren mit Messer und Gabel. Der Chor spricht « *Tic tac* » auf die Bewegungen der Spieler: eine Essenszeremonie – als Bewegungsteppich rhythmisch und lautmalerisch gestaltet. Als die Mutter beginnt, die Neuigkeiten der Woche zu erzählen, wird der Bewegungs- und Lautteppich angehalten: « *Ce soir au bar...* » Aber keiner hört zu, die Kinder rutschen auf ihren Stühlen herum und tuscheln miteinander. Vater nimmt die Fernbedienung. Im Fernsehen gibt es Nachrichten, gesprochen vom Chor. « *Tac-tic, tac-tic* ». Das Treiben wird unterbrochen, als die Mutter aufspringt. Sie brüllt den Rest des Textes. Dann wird die Essenszeremonie vom Anfang der Szene wieder aufgenommen: « *Tic tac* ».

4. Pour aller plus loin

Bei der Erarbeitung des gesamten Liedtextes zielt die Textrezeption auf das Grobverständnis des Textinhalts und auf den Spaß am Wortspiel, dem Rhythmus und vielleicht am Mitsingen des Refrains oder anderer Verszeilen, die den Schülern besonders gefallen.

Die Schülerinnen und Schüler hören zunächst den Anfang des Chansons (Zeilen 1 bis 16). Dann werden Hypothesen zu einem möglichen Textinhalt gesammelt: zur Situation an der Bar, zum mächtigen Trinken aus Liebeskummer, zum Tiefschlaf und zu den Gedanken- bzw. Traumfetzen Igors.

Anschließend werden diese Hypothesen mit dem Textinhalt verglichen, den die Lehrkraft erläuternd zusammenfasst, z. B.:

La situation de départ (L. 1 à 20) :
Une description de la situation au bar de la gare : Igor boit et puis s'endort. La raison : son amie Katie l'a trompé avec un autre. Et elle vient de le quitter pour suivre son nouvel amant : « Sa Katie l'a quitté. »

Les étapes intermédiaires (L. 21 à 49) :
Des « fêtards » passent, aperçoivent Igor endormi et lui soufflent des conseils à l'oreille. Ils lui disent de prendre ses affaires et de quitter son quartier. « Ta Katie t'a quitté. Tic tac. Tic. Tac. T'es cocu, qu'attends-tu ? »

Est-ce que ce sont les paroles des « fêtards » qui passent ou bien Igor se parle-t-il à lui-même dans son sommeil ? On ne le sait pas très bien. D'autres personnes apparaissent dont un comte qui compte des tickets de quai. Cette étape de l'action se termine par les mots : « Quand tout à coup ...... Tic tac tic ... brrr... »

La fin (L. 49 à 54) :
Elle réserve une surprise !

Die weitere Arbeit mit dem Chanson kann in folgenden Schritten verlaufen:
- Verfassen einer Schlussstrophe für das Chanson in Gruppen
- Präsentation der Gruppenarbeitsergebnisse durch Vortragen/Vorsingen/Vortanzen der selbst verfassten Strophe
- Präsentation der letzten fünf Zeilen des Originaltextes und Vergleich mit den selbst verfassten Texten

Zum Schluß wird der Originaltext ausgeteilt, das Chanson vom Tonträger präsentiert und der Text mitgelesen bzw. mitgesungen.

Jacques Prévert :
Il faut passer le temps
(poème)

Comment passer son temps ist in den ersten Lernjahren ein wichtiges Thema des Fremdsprachenunterrichts. In dem kurzen, amüsanten Gedicht von Jacques Prévert wird eine interessante These aufgestellt: Nichts-Tun sei eine schwierige Aufgabe, denn: « *Il faut passer le temps, c'est un travail de titan.* » Das Gedicht eignet sich für den Fremdsprachenunterricht nicht nur des Themas wegen. Es ist sprachlich einfach auf Grund seiner klaren, überschaubaren Struktur sowie des sich wiederholenden, auf Oppositionen beruhenden Wortschatzes *(Il est facile/difficile, il faut faire/ne pas faire)*. Und es ist eine Fundgrube zum Üben einer für den aktiven Sprachgebrauch wichtigen Struktur: der Verbindungen von unpersönlichen Wendungen und Infinitiven *(Il est facile/difficile de faire)*.

Anregungen für die Wortschatzarbeit bietet die KV 11 *Ce qui pour moi est facile ou difficile*.

Im Mittelpunkt der Theaterarbeit stehen die Erkundung des Textes und die Entwicklung von Figuren. Hinzu kommt die *technique du tableau vivant*.

Die **erste** Sequenz bietet zur Einstimmung Atem-, Artikulations- und Rhythmusübungen.

In der **zweiten** Sequenz wird das Auswendiglernen des Gedichts mit der Figuren-Erarbeitung verbunden.

Aus der Vielfalt der Figuren entstehen die Spielideen zur Gestaltung der Szene in der **dritten Sequenz**. Hier wird der situative Rahmen *en classe* von den Spielerinnen und Spielern szenisch umgesetzt.

Die **vierte Sequenz** zeigt ein Aufführungsbeispiel.

> On croit que c'est facile
> de ne rien faire du tout
> au fond c'est difficile
> c'est difficile comme tout
> il faut passer le temps
> c'est tout un travail
> il faut passer le temps
> c'est un travail de titan

Jacques PREVERT, extrait de « Il faut passer le temps » in *Histoires* (8 vers), © Editions GALLIMARD.

1. Echauffement global

1.1. Respiration

Die Spieler stehen im Kreis. Der Spielleiter beginnt eine imaginäre Feder vorsichtig weiterzureichen, die dann von Spieler zu Spieler geht. Die Übergabe erfolgt stets mit dem Einsatz des ganzen Körpers auf ein Ausatmen. Dann werden nach demselben Prinzip weitere imaginäre Gegenstände weitergereicht.

1.2. *Articulation*

Geübt werden vor allem die Vokale -oi, -i sowie Nasale. Zunächst wird von dem vertrauten *voilà* ausgegangen, dessen zweite Silbe variiert wird, um dann zu den im Text wichtigen Lauten/Wörtern *facile/titan* überzugehen.

Folgende Konsonanten-/Vokalverbindungen werden auf ein Ausatmen gesprochen :

Voi-là là là là	Fa-ci ci ci cile	Ti-tan tan tan tan
Voi-lo lo lo lo	Fa-ço ço ço çole	Ti-ton ton ton ton
Voi-li li li li	Fa-çai çai çai çaile	Ti-tin tin tin tin
Voi-les les les les	Fa-ça ça ça çale	Ti-ti ti ti ti
Voi-lou lou lou lou	Fa-çou çou çou çoule	Ti-tu tu tu tu

Anschließend können Zungenbrecher auf -oi, -i oder Nasale gewählt und mehrmals auf ein Ausatmen gesprochen werden.

> Übung 2.3.2., S. 13.

1.3. *Liaison voix et mouvement*

Die Sprechanteile der vorausgegangenen Artikulationsübung werden auf die Melodie und den Rhythmus des Liedes *Le coq est mort* gesungen und in einer zuvor festgelegten Schrittfolge getanzt.

> Übung 3.3.1., S. 16.

2. Le personnage

2.1. *Mémorisation du poème*

Der Text des Gedichts wird ausgeteilt. Die Spieler gehen, den Text in der Hand, im Raum umher und lesen ihn mit monotoner Stimme mehrmals laut vor, bis sie ihn allmählich auswendig aufsagen können.

2.2. *Comment dire le texte ?*

Dann schlägt der Spielleiter mehrere Möglichkeiten des Gedichtvortrags vor: in verschiedenen Stimmungen, mit einer sprachlichen, einer körperlichen Besonderheit... Die Spieler lassen sich von den genannten Beispielen inspirieren und probieren einige Varianten aus.

> Übung 2.3.3., S. 14.

2.3. *Composer son personnage*

Es werden zwei Gruppen gebildet, die im Weiteren getrennt arbeiten. Jeder Spieler entwickelt aus den Möglichkeiten des Gedichtvortrags eine Spielfigur, die er im weiteren Spielverlauf beibehält und spielt anschließend seiner Gruppe seine Variante des Gedichtvortrags vor. Die Zuschauer beobachten genau und geben Ratschläge, wie die Körpersprache der Figur ausgebaut werden kann, damit das Spiel noch spannender wird.

> Übung 6.1., S. 24.

3. La mise en scène du poème

3.1. *La situation*

Die Spieler finden sich wieder zur Großgruppe zusammen. Nun wird der Text mit Hilfe von Knipsen und/oder Klatschen/Stampfen zu einer rhythmischen Sprechfolge gestaltet. Dieser Rhythmus wird im weiteren Verlauf als ein Gestaltungselement der Szene beibehalten.

Dann finden sich die Spieler wieder in ihren jeweiligen Gruppen zusammen. Sie erhalten die Aufgabe, zu der Situation *en classe* eine Folge von fünf Bildern zu gestalten, auf denen zu sehen ist, was im Klassenzimmer geschieht, z. B.: *lever le doigt, souffler, se lever, se retourner, murmurer,* etc.

Zunächst werden die fünf Bilder gestellt, und zwar in folgenden Schritten:

– Jede Figur sucht eine Haltung, die sich aus der Situation *en classe* ergibt. Diese Haltung ist die Grundposition für die Figur des Spielers.
– Dann werden die einzelnen Haltungen der Spieler zu einem Gesamtbild arrangiert. Das Ausgangstableau (Bild 1) ist damit erarbeitet.
– Ausgehend von diesem *tableau* werden die weiteren Bilder (2–4) gefunden.
– Das Schlußbild (Bild 5) ist mit dem Ausgangstableau identisch.

Die Aufstellung der Spieler erfolgt in einem Gruppenarrangement, das die Spieler nach ihren Wünschen entwerfen. Sie achten darauf, dass alle Figuren sichtbar sind. Die Gruppen üben getrennt, der Spielleiter geht herum und berät die Spieler.

Ist die Bilderserie erarbeitet, üben die Spieler, mit nur einer Bewegung von einem *tableau* ins andere zu kommen. Dann werden die Zeilen des Gedichts auf die einzelnen *tableaux* verteilt, und die Spieler sprechen den Gedichttext in dem zuvor gefundenen

Rhythmus, und zwar jeweils dann, wenn sie im *tableau* stehen. Die Übergänge von einem *tableau* ins andere erfolgen stets auf ein Stichwort im Text z.B. *tout, travail, titan*.

> Übung 5.4., S. 22.

3.2. Le jeu des solistes

Die Gruppen entscheiden sich für jeweils drei Figuren, die ein Solo haben sollen. Die Reihenfolge der Auftritte wird festgelegt. Unter diesen Figuren wird eine bestimmt, die als letzte auftritt und durch einen Überraschungseffekt die Szene beendet. Diese Pointe wird durch Erproben verschiedener Spielmöglichkeiten von der Gruppe gemeinsam gefunden.

4. A titre d'exemple

4.1. Chorégraphie de groupe

Die Spieler stellen sich in einer frontal zum Publikum ausgerichteten Reihe/Schlange auf und besetzen alle Raumebenen. Sie können aber auch auf Stühlen, die in Form eines Dreiecks für den Frontalunterricht arrangiert sind, sitzen.

4.2. Activités

Folgende Aktivitäten zur Situation *en classe* werden gezeigt:

– sich vorbeugen, um beim Nachbarn etwas aufzuschnappen
– die Köpfe zusammenstecken, um zu kichern
– zum Fenster hinaussehen
– sich durch Hochspringen melden
– sich zum hinteren Nachbarn umdrehen
– beiseite geschubst werden
– sich schnäuzen
– einen Kaugummi aus dem Mund ziehen

4.3. Déroulement des activités

Die gesamte Szene wird entsprechend der vorher festgelegten Struktur durchgespielt und zwar:

– Eröffnung durch die Bewegungs- und Sprechfolge der Gruppe (Bild 1–5)
– Verharren der Gruppe in *tableau* 5, aus dem die erste Figur herausspringt und ihr Solo spielt
– Wiederholung der Gruppendarbietung (Bild 1–5) und Solo des zweiten Spielers
– Nochmalige Wiederholung der Gruppendarbietung (Bild 1–5) und Solo des dritten Spielers
– Schlussbild durch Verharren des dritten Spielers in der Bewegung.

4.4. Solistes

Bei den Einzelauftritten wird das Gedicht aufgesagt:
– unter Abzählen der Verszeilen an den Fingern
– im Kampf mit heftigen Hustenanfällen
– beim Kramen in der Federtasche

4.5. La pointe

Die Pointe wird gestaltet durch unbeschwert-fröhliches Hüpfen im Kreis, wobei das Hüpfen immer ausgelassener wird und die Figur auf die Worte *un travail de titan* einen großen Sprung macht und dann mit ausgebreiteten Armen stehen bleibt. Die Gruppe der Spieler sieht ihr mit einer gemeinsamen Kopfbewegung nach und hält dann in der Bewegung inne.

3. Theaterspielen mit handlungsorientierten Kurztexten

Cendrillon
(conte)

Das Märchen von Aschenputtel/Cendrillon/Cinderella – ein geeignetes Thema für den Fremdsprachenunterricht ? Die Geschichte von *Cendrillon* ist den meisten Schülerinnen und Schülern in der einen oder anderen Version aus Erzählungen, aus eigener oder schulischer Lektüre oder in der Filmversion bekannt, handelt es sich doch um eines der weit verbreitetsten europäischen Märchen. Thema und Handlung können im Großen und Ganzen als bekannt vorausgesetzt werden, so dass der Unterricht an vorhandene Kenntnisse, Erfahrungen, Vorstellungen, Interpretationen der Jugendlichen anschließen kann. Arbeitsgrundlage dieser Unterrichtseinheit ist deshalb nicht die literarische Fassung der einen oder anderen Version des Märchens, sondern ein von den Spielern selbst verfasster Text.

Die Unterrichtseinheit kann in wenigen Unterrichtsstunden erarbeitet werden. Es ist auch möglich, ein Theaterprojekt anzugehen und ein kurzes Stück von etwa 15 Minuten auf die Bühne zu bringen. Dazu bedarf es neben einer etwas umfangreicheren Übungszeit auch einer Inszenierungsidee, z. B. die Geschichte von *Cendrillon* als Bildertheater mit Bänkelsang, als Theaterprobe oder auch als Dia-Show mit einem Moderator.

Die **erste Sequenz** gibt Gelegenheit, sich mit dem Bildertheater vertraut zu machen und das Gestalten von Statuen und *tableaux vivants* kennenzulernen bzw. zu vertiefen.

In der **zweiten Sequenz** wird anhand einer *bande dessinée*, die acht Stationen der Handlung des Märchens enthält, ein Plot erarbeitet und szenisch umgesetzt.

Die **dritte Sequenz** bietet ein Beispiel zur Überführung der erarbeiteten Szenenfolgen in ein kurzes „bühnenreifes" Stück.

1. Exercices d'initiation

1.1. Le mouvement gelé

1.1.1. Un, deux, trois, soleil

Das französische Kinderspiel *Un, deux, trois, soleil* wird für die Zwecke einer Übung benutzt.

Ein Spieler A steht mit dem Gesicht zur Wand und zählt:

« *Un, deux, trois...* », bis er plötzlich « *soleil* » ruft und sich sofort umdreht. Die anderen Spieler sind inzwischen von der gegenüberliegenden Wand gestartet und auf ihn zugekommen. Auf das Stichwort *soleil* halten sie in der Bewegung inne. Wer sich noch bewegt, ist ertappt und muss zurück. Der erste Spieler, der ohne ertappt zu werden ankommt, übernimmt die Rolle von A.

1.1.2. Passer d'un sentiment à un autre

Musik wird eingespielt. Die Spieler stellen sich vor, dass sie die Musik über ihre eigenen Kopfhörer hören. Sie sind ganz bei sich und tanzen ausgelassen auf den Rhythmus der Musik. Beim „Stopp" der Musik halten sie in der Bewegung inne. Sie bemerken, dass auch noch andere Leute anwesend sind, was ihnen peinlich ist, und versuchen davon abzulenken, indem sie fließend zu einer Alltagsbewegung übergehen, z. B. sich schnäuzen, Schnürsenkel zubinden, Fingernägel betrachten, usw. Wenn die Musik wiederkommt, geht das Tanzen von vorne los.

1.1.3. Action / réaction

Die Spieler tanzen durch den Raum. Bei jedem Stopp der Musik nehmen sie eine Körperhaltung ein, die immer einen Kontrast zur vorausgegangenen bildet. Diese halten sie, bis die Musik wieder angeht. Im nächsten Durchgang folgt auf die Körperhaltung eine verbale Reaktion in Form eines Satzes/Ausrufs. Zum Schluss reagieren die Spieler partnerweise aufeinander. Repliken erfolgen nach dem Prinzip der freien Assoziation, z. B.:

« Il m'énerve. » – « Je t'aime bien ! »
« Qu'est-ce que tu veux ? » – « Salut ! »
« Viens à la maison ce soir ! » – « On va au cinéma ? »
« Laisse-moi tranquille ! » – « Il fait beau aujourd'hui ! »
« Fous-moi la paix ! » – « Reste zen ! »

1.1.4. « Délivre-moi »

Drei bis vier Spieler übernehmen eine Sonderrolle. Sie tanzen mit den anderen auf den Rhythmus der Musik, bewegen sich aber weiter, wenn die Musik anhält und die Gruppe einfriert. Sie erlösen die Erstarrten durch einen Satz ihrer Wahl, den sie ihnen über die Schulter sprechen, schnell, ohne zu zögern, deutlich artikulierend. Im nächsten Durchgang erwecken die Erlösten ihrerseits auch mit einem Satz weitere Statuen zum Leben. Auf diese Art und Weise entsteht ein Bewegungs- und Lautteppich.

> Übung 5.1., S. 21.

1.2. La statue

1.2.1. La statue sculptée

Die Spieler finden sich zu Paaren zusammen und teilen sich die Rollen des *sculpteur* und der *statue*. Der *sculpteur* baut seine *statue*, indem er deren Gliedmaßen leicht und vorsichtig bewegt oder seinem Partner zu verstehen gibt, in welche Richtung er seinen Körper bewegen soll. Der Partner bewegt sich nicht aktiv, sondern hält lediglich die Position, in die er gebracht ist. Ist der *sculpteur* mit seiner Arbeit zufrieden, ist aus dem Partner eine statue geworden.

> Übung 5.2., S. 21.

1.2.2. Au musée

Die *sculpteurs* werden vom Spielleiter beiseite geholt, während die *statues* eingefroren bleiben. Es wird eine Verabredung getroffen, die anschließend in einer Spielaktion improvisiert wird: Die *sculpteurs* werden zu Touristen, die ein Museum besuchen. Ein Museumsführer begleitet die Gruppe, die die Kunstwerke betrachtet, kommentiert, bewundert und Fragen stellt. Sie sprechen verschiedene Sprachen oder non-sens-Sprachen; es ist auch möglich, bei dieser Übung Einschränkungen zu machen wie z. B.: nur Nasale, nur Vokale benutzen, sich in der französischen Sprache lautmalerisch versuchen, usw.

1.2.3. Les statues parlent

Die statues sprechen nun selbst, eine nach der anderen. Sie formulieren ihre Gefühle, ihr Befinden oder kommentieren, was sie beobachten, während sie betrachtet werden.

1.3. Virez la langue

Die Spieler üben, jeder für sich, einen Zungenbrecher zu artikulieren. Dann werden drei große Gruppen gebildet. Sie üben einen Sprech- und Bewegungschor auf den soeben gelernten Zungenbrecher ein. Dazu konstituiert sich innerhalb jeder Gruppe eine erste Teilgruppe als Bewegungschor, eine zweite als Sprechchor. Die erste Teilgruppe studiert einen einfachen, sich wiederholenden Bewegungsablauf ein, die zweite spricht den Text auf diese Bewegung. Die Gruppenergebnisse werden präsentiert.

> Übung 2.3.2., S. 13.

2. Le conte de Cendrillon

Zur Einführung in das Märchenthema stellen vier Spielerinnen ein *tableau vivant*, das eine für das Märchen typische Szene zeigt, z. B. Cendrillon, mit dem Auslesen von Linsen beschäftigt, während die Stiefmutter und die beiden Schwestern daneben stehen und die Köpfe zusammenstecken/sich schön machen. Das Mitbringen einer großen Schüssel, einer Schürze und einer Menge Linsen macht das Spiel lebendig und anschaulich, was den Zuschauern ihre Aufgabe erleichtert: Sie sollen das Märchen erraten.

2.1. L'histoire de Cendrillon en bande dessinée

Der Plot wird anhand des Arbeitsblattes *Cendrillon en bande dessinée* (KV 12) vorgestellt. Die Spieler kommentieren jedes einzelne Bild und einigen sich jeweils auf einen Satz, der die dargestellte Situation zusammenfasst.

2.2. Cendrillon sous forme de tableaux vivants

Die bande dessinée wird beiseite gelegt. Die Spieler erfinden eine Serie von tableaux nach ihren eigenen Vorstellungen zu den acht Stationen der Handlung. Mit Unterstützung des Spielleiters werden nun phrases-étiquettes zu jedem Tableau formuliert und schriftlich festgehalten. Dann wird die Bilderfolge nochmals gestellt, und die phrases-étiquettes werden als Kommentare von einzelnen Sprechern auf die jeweiligen tableaux aus dem Off gesprochen.

Beispiele für *phrases-étiquette* :

1. Il était une fois une jeune fille qu'on appelait Cendrillon. Cendrillon doit travailler toute la journée.
2. Elle a une belle-mère et deux demi-sœurs. Celles-ci s'amusent tout le temps et sont très méchantes avec elle.
3. Cendrillon aide ses sœurs à se faire belles pour le bal.
4. Cendrillon est triste. Elle aussi veut aller au bal. La bonne fée arrive et lui donne une belle robe de bal.
5. Le prince danse toute la soirée avec Cendrillon. Les deux sœurs sont jalouses.
6. Minuit sonne. Cendrillon quitte vite le bal. Elle perd une de ses chaussures.
7. Hourra ! Le prince retrouve Cendrillon grâce à sa chaussure.
8. Ils se marient et font une grande fête.

> Übung 5.4., S. 22.

2.3. Faire vivre les tableaux

Die Spieler bilden zwei große Gruppen und erfinden in Form von Monologen oder Dialogen Sprechanteile für ihre Figuren. Diese Sprechanteile werden von den Figuren „im Bild" übernommen. Der Kommentar zu den Bildern in Form von *phrases-étiquettes* kommt weiterhin von den Sprechern aus dem Off.

Im nächsten Durchgang bewegen sich die Spieler innerhalb der *tableaux*. Sie spielen aus einem *tableau* heraus eine kurze Szene, sprechen dabei den vorgesehenen Dialog und stellen anschließend das nächste *tableau*. Die Gruppen spielen einander ihre Szenenfolge vor.

Wenn die Schülerinnen und Schüler Lust haben, an den Szenenfolgen weiterzuarbeiten, können sie diese dadurch ausgestalten, dass einige Spieler einen Rhythmuschor bilden, der entweder ein bis zwei zusätzliche bewegte Bilder stellt oder aus dem Off spielt.

Beispiele :
– Der Chor der faulen Schwestern singt ein Lied.
– Ein Rhythmus-Geräuschchor gibt den Takt zum Wischen des Bodens.
– Das Zaubern der Fee wird mit entsprechenden Geräuschen begleitet.
– Das Ballorchester spielt auf.

Beim Proben der Bilderfolge achten die Spieler auf die Gestaltung der Übergänge. Fließende Übergänge werden dadurch erreicht, dass die Spieler mit ein bis zwei großen Schritten ins Bild treten und dann sofort in ihrer Position stehen. Auch in die nächste Position kommen sie mit nur einer fließenden Bewegung – und ebenso aus dem Bild wieder heraus.

3. Pour aller plus loin

3.1. Idées de mise en scène

Das bisher erarbeitete Spielmaterial kann zu einem kurzen Stück ausgestaltet werden, indem sich die Spielgruppe auf einen Inszenierungsvorschlag einigt und die Szenenfolge um einige Bilder erweitert. Neue Gestaltungselemente können hinzukommen, z. B. verschiedene Gegenstände wie ein Schuh, ein Ballkleid. Oder die Anzahl der Personen in den *tableaux* variiert, z. B. *Cendrillon* alleine/mit einer Schwester/mit Schwestern und Stiefmutter, mehrere Paare tanzen usw. Einige Spieler können ein Orchester bilden, das das Bühnengeschehen musikalisch begleitet oder eine bestimmte Station, z. B. den Ball, musikalisch unterstützt.

3.2. Le conte sous forme de diapositives projetées

Wenn sich die Spielgruppe für die Inszenierung einer Dia-Show entschließt, einigt sie sich zunächst darauf, welche *tableaux* sich dafür eignen. Ein Spieler übernimmt die Rolle des *présentateur*, der durch die Show führt. Dann wird die Bilderfolge zu einer Dia-Show ausgestaltet.

> Übung 5.6., S. 23.

3.3. A titre d'exemple : *Cendrillon ou comment épouser un prince*

Einführung :
Der *présentateur* kündigt dem Publikum das *spectacle* an:
   « *Et maintenant vous allez vivre avec nous le merveilleux roman d'amour entre une jeune fille bonne, belle, mais pauvre, et son prince charmant.* »

Bild 1–3
Cendrillon scheuert den Boden, der Rhythmuschor macht aus dem Off entsprechende Geräusche. Der *présentateur* erklärt, wie schlecht Cendrillon behandelt wird.

Bild 4–5
Die beiden Schwestern und die Stiefmutter bereiten sich auf den Ball vor. Cendrillon muss ihnen dabei helfen. Der *présentateur* kommentiert das Geschehen.

Bild 6–7
Cendrillon neben ihrem Putzeimer. Sie ist sehr traurig.
Und dann auch richtig zornig. Das macht der Chor aus dem Off deutlich. Er singt auf das erste Bild leise, niedergeschlagen :
   « *Maman veut pas que j'aille au bal danser,
   Maman veut pas que j'aille au bal danser.* »
Dann singt der Chor auf das zweite, leicht veränderte Bild denselben Satz, aber schneller, lauter, trotzig.

Bild 8–9
Die *fée* erscheint, sie tröstet Cendrillon und zaubert mit einem Triangel ein wunderschönes Ballkleid, das von der rechten Bildseite hineingeworfen wird.

Bild 10–13
Ein Walzer wird eingespielt, man sieht die Schwestern tanzen. Dann der Tanz von Cendrillon mit dem ihrem *prince*.

Bild 14–15
Die Rhythmusgruppe ist zu sehen. Sie spielt mit improvisierten Instrumenten einen Tangorhythmus. Der *présentateur* kündigt das Orchester an:
   « *Et voilà l'orchestre !* »

Bild 16–17
Man hört einen Gong schlagen, sieht am linken Bühnenrand eine Uhr, deren Zeiger auf 12 Uhr stehen, am rechten Bühnenrand den Schuh am Bein der davonlaufenden Cendrillon. Der *présentateur* kommentiert :
   « *Minuit sonne. Cendrillon doit quitter le bal.* »
Das nächste Bild zeigt einen nachdenklichen *prince* mit einem Schuh in der Hand.

Bild 18–20
Drei verschiedene Schuhproben. Die dritte hat bei Cendrillon Erfolg. Die Schwestern schauen unzufrieden aus.

Bild 21–22
Cendrillon und der *prince* in der Hochzeitskutsche, die durch einen die Peitsche schwingenden Kutscher simuliert wird. Die Rhythmusgruppe aus dem Off produziert entsprechende Geräusche. Der *présentateur* deutet auf die Kutsche:
   « *Le prince donne une grande fête. Ils sont les plus heureux du monde.* »

Pierre Gamarra : Le ski
(fable)

Die kurze, sprachlich nicht sehr schwierige Fabel von Pierre Gamarra (KV 13) schließt sich thematisch gut an Lehrwerkslektionen an, die sportliche Aktivitäten zum Inhalt haben.

Es handelt sich um ein drei Strophen umfassendes Gedicht, in dem eine Skifahrt mit überraschendem Ausgang vorgeführt wird. Die Fabel eignet sich gut für eine szenische Umsetzung, denn sie weist überschaubare Handlungsetappen auf, die je einer Strophe entsprechen und sukzessiv erarbeitet werden können.

Interessant für die Spracharbeit sind die Variationen zum Vokal „i". Sie bieten ausgezeichnetes Material zur Schulung der Aussprache. Der Vokal „i" trägt den Sprecher des Gedichtes durch die Verszeilen und über die Endreime hinaus. Diesem Aspekt wird in der Unterrichtseinheit durch intensive Spracharbeit Rechnung getragen, sowohl in den hinführenden Übungen als auch beim Improvisieren der Spielszenen.

Ein weiterer Schwerpunkt der Theaterarbeit ist die Bewegung, mit deren Hilfe diese sportliche Fabel szenisch umgesetzt werden soll. Gespielt wird ohne reale Gegenstände, nur mit Körper und Sprache.

Die **erste Sequenz** bietet Sprach- und Bewegungsübungen im Zusammenhang mit dem Leitvokal „i".

In der **zweiten Sequenz** steht das Skifahren als Bewegung im Mittelpunkt des Geschehens.

In der **dritten Sequenz** wird die Fabel strophenweise erarbeitet und in Spielaktionen umgesetzt.

Die **vierte Sequenz** bietet Anregungen für eigene Textproduktionen und deren szenische Umsetzung.

1. Echauffement global

1.1. « Viii, Siii, Riii »

Die Spieler stehen im Kreis. Die Spracharbeit beginnt mit einer Stimm- und Atemübung zum Vokal „i". Dann wird die Artikulation des Vokals mit rhythmischem Sprechen verknüpft.

> Übung 2.2.2., S. 12.

1.2. Rimer sur la voyelle « i »

Der Spielleiter eröffnet eine Reihe von Verben, die mit dem Vokal „i" enden. Die Spieler setzen die Reihe fort. Dann wird ein anderes Reihungsprinzip, z. B. Vornamen auf „i", vorgeschlagen, das ebenfalls von den Spielern aufgegriffen wird. Möchte ein Spieler eine neue Reihe einleiten, beendet er die laufende Serie durch Händeklatschen und bringt seinen Vorschlag.

Daraus können sich folgende Serien ergeben:

– *Il lit, il écrit, il dit, il sourit, il finit...*
– *Sophie, Marie, Amélie, Sylvie...*
– *Compris, promis, fini, parti, sorti, écrit...*
– *Lundi, mardi, mercredi...*
– *C'est exquis, c'est joli, c'est gentil...*
– *C'est fini ! Ça suffit ! Merci ! Sors d'ici !*

Nun sind Repliken auf den Reimvokal „i" zu einer Verszeile/einem Satz aneinander zu reihen. Der erste Spieler macht eine Vorgabe, der zweite antwortet, z. B.: « *Un lit* » – « *c'est exquis.* » oder « *la souris* » – « *est partie.* »

Anschließend teilen sich die Spieler in Gruppen zu viert/zu fünft und erfinden ein kurzes „i-Gedicht", das sie rhythmisch vortragen. Der Schlussreim wird von allen Spielern im Chor wiederholt, z. B.:

– *Elle lit, elle rit, elle écrit.*
  C'est fini, mon ami.
– *Lundi, mardi, mercredi.*
  Ça suffit, j'ai compris !

1.3. Extérioriser une émotion

In dieser Übung kommt das zuvor erarbeitete Sprachmaterial beim Erproben von Positiv-Negativreaktionen zum Tragen.

Die Spieler laufen kreuz und quer durch den Raum. Der Spielleiter sagt eine positive Äußerung an, z. B. « *C'est exquis !* » oder « *Merci !* » etc. Die Spieler reagieren darauf mit einer positiven, d. h. offenen, entspannten körperlichen Haltung und frieren sofort in der Bewegung ein. Auf Händeklatschen wird die Haltung aufgelöst; die Spieler laufen neutral weiter.

Die Übung wird fortgesetzt, aber diesmal reagieren die Spieler auf eine negative Äußerung, z. B. « *Ça suffit !* », « *Tu m'ennuies !* », « *Sors d'ici !* » etc. mit einer negativen, d. h. hier defensiven körperlichen Haltung.

Anschließend wird auf Händeklatschen jeweils eine Positiv- oder eine Negativhaltung eingenommen. Die Haltungen werden dadurch verstärkt, dass zum

Schluss der Übung die Abstände zwischen den Stopps immer kürzer werden und die Spieler immer heftiger reagieren.

1.4. Des pieds jusqu'à la tête

Die Spieler bilden einen Kreis und nehmen die Nullstellung ein. Zur Vorbereitung auf die rhythmischen Bewegungen beim Skilaufen führen sie die Übung 3.1.1., S. 15 durch. Die Übung wird mehrmals wiederholt, wobei sich das Tempo ständig steigert.

1.5. « Me voilà ! »

An die rhythmische Bewegungsübung schließt sich eine Übung zur Bühnenpräsenz an. Die Spieler bilden einen Kreis und joggen auf der Stelle. Sie führen Übung 1.3., S. 11 durch.

Dabei geben sie ihrer positiven Stimmung durch einen entsprechenden Ausruf Ausdruck:

– C'est moi !
– Me voilà !
– Regarde-moi !
– Je suis là !
– C'est exquis !

1.6. Réaction à l'autre et recherche d'un rythme

Abschließend werden die Elemente der vorangegangenen Übungen nochmals aufgenommen und zusammen geführt.

Die Spieler bilden Paare zu zweit und stellen sich in einer Linie am hinteren Rand der Bühne auf. Gemeinsam mit ihrem Partner erarbeiten sie einen einfachen Bewegungsablauf. Dabei laufen sie auf die gegenüberliegende Seite und wieder zurück, halten aber mehrmals in der Bewegung inne: Zuerst Spieler A, der daraufhin spontan einen Satz spricht, während Spieler B weiterläuft, dann ebenfalls in der Bewegung anhält und sprachlich auf A reagiert, woraufhin Spieler A weiterläuft. Der Wechsel von Anhalten und Weiterlaufen wiederholt sich, bis jeder Spieler zwei Äußerungen vorgebracht hat und beide wieder am Ausgangspunkt angelangt sind. Bewegungsfolge und Repliken, beide einfach zu gestalten, werden rhythmisiert und wiederholbar gemacht. Jedes Paar übt für sich. Sensibilisiert für den Wechsel zwischen Positiv- und Negativreaktion, gestalten die Spieler Repliken mit Wendepunkten, Missverständnissen oder absurden Unstimmigkeiten.

1.7. A titre d'exemple

Die Einstimmungsphase wird mit einer kleinen Vorführung abgeschlossen. Dazu gestalten die Spielpaare aus ihrem Bewegungsablauf und ihren Repliken eine Bewegungs- und Sprechfolge nach ihren eigenen Vorstellungen, in ihrem eigenen Rhythmus und Tempo. Nach einer kurzen Übungsphase spielen die Paare ihre Ergebnisse vor, z. B.:

« Me voilà ! » – « Où ça ? »
« Mais ici ! » – « C'est exquis ! »

« Qu'est-ce qu'il fait beau ! » – « Il pleut ! »
« J'ai soif. » – « Je prends une douche. »

« Ça va ? » – « On est bien ! »
« Il fait chaud. » – « Sors ta bicyclette. »

2. Faire du ski

2.1. Mimer une activité

Als Einstimmung in die folgenden Bewegungsübungen improvisiert jeder Spieler eine kurze Spielaktion. Er stellt pantomimisch eine Tätigkeit dar, die die anderen erraten müssen, z. B. Zähne putzen, seinen Hund spazieren führen, die Zeitung lesen usw.

2.2. A l'école de ski

Die Spieler bilden zwei große Gruppen. Sie erhalten den Auftrag, eine Bewegungsfolge zum Thema „Skischule" zu erarbeiten. Sie gehen wie folgt vor:

Jeder Spieler probiert in der Bewegung aus, was Skifahren bedeutet, vom Anschnallen der Skier übers Losfahren bis zur rasanten Fahrt. Dabei versuchen alle herauszufinden, worin für sie das Wesentliche dieser Bewegung besteht. Dann wählt jeder Spieler einige Bewegungen aus, die er der Gruppe vorspielt. Inspiriert von den Vorschlägen der einzelnen Spieler erarbeitet jede Gruppe einen gemeinsamen Bewegungsablauf von etwa fünf Einheiten und übt diesen ein.

Danach erarbeiten die Gruppen den Auftritt der „Skischule". Auftritt und Bewegungsfolge werden zu einer Spielszene zusammengefügt und präsentiert.

2.3. A titre d'exemple

Gruppe A:
Skier auf den Schultern kommen die Spieler gemeinsam hinter dem Vorhang vor und stellen sich frontal zum Publikum auf. Einfrieren der Bewegung zu einem *tableau*. Die Skier werden mit einem Ruck auf den Boden geworfen, die Schuhe abgeklopft, alle steigen gemeinsam in die Bindung. Dann: Stockeinsatz, Schussfahrt, Stockeinsatz, Schussfahrt.

Gruppe B:
Die Skifahrer kommen nacheinander in einer Diagonalen auf die Bühne. Jeder Skifahrer gelangt auf seine Weise in die Skibindung. Wenn der letzte seine Skier angeschnallt hat, frieren alle in der Bewegung ein. Dann: Stockeinsatz, Parallelschwung, Stockeinsatz, Parallelschwung.

3. La fable

3.1. 1ère strophe : le plaisir de skier.

Die erste Strophe des Gedichts, die das „Positiverlebnis" beim Skifahren enthält, wird ausgeteilt, der Text mehrmals vorgelesen. Dann prägen sich die Spieler jeweils zwei Zeilen der Strophe ein. Dazu probieren sie alle gleichzeitig, aber jeder für sich, eine Bewegungsfolge zum Thema « *glisser sur ses skis* » aus und sprechen darauf die ersten beiden Zeilen des Gedichts. Dann proben sie die gleitende Fahrt beim Sprechen der dritten und vierten Zeilen und schließlich der ganzen Strophe.

Bei der Präsentation der Ergebnisse führen jeweils vier bis fünf Spieler gleichzeitig ihre Spielaktion vor. Die vorführenden Spieler sprechen dabei den Monolog, die Zuschauer die berichtenden Passagen. Nach jeder Präsentation geben die Zuschauer Ratschläge, wie die Bewegung verbessert werden könnte: durch Reduktion auf eine große Bewegung, durch Vergrößerung, Übertreibung, mehr Schwung usw. Zum Schluss werden die eindrucksvollsten Spielideen zu einer Aktion für einen Solisten zusammengeführt.

3.2. 2ème strophe : l'obstacle et la chute.

Die zweite Strophe des Gedichts wird ausgeteilt. Die Spieler gehen, den Text in der Hand, kreuz und quer durch den Raum und sagen ihn mit monotoner Stimme mehrmals auf.

> Übung 2.3.5., S. 14.

Anschließend finden sich die Spieler wieder in zwei Gruppen zusammen und probieren verschiedene Möglichkeiten, den Felsen, der das Hindernis für den Skifahrer bildet, mit ihren Körpern darzustellen. Sie entscheiden sich für eine Variante und üben diese ein, wobei sie gemeinsam die ersten vier Zeilen der zweiten Strophe sprechen. Ein Solospieler pro Spielgruppe übernimmt die Rolle des Skifahrers und probiert inzwischen das „Negativerlebnis", sein Scheitern am Felsen, aus. Dann führen die Gruppen ihre Spielaktionen vor.

3.3. 3ème strophe : la déception et la morale.

Die dritte Strophe wird gemeinsam von Zeile 8 bis einschließlich Zeile 10 gelesen. Dann formulieren die Spieler in Gruppen zu dritt/zu viert eine eigene Fassung der nächsten beiden Verszeilen, die sie der Gesamtgruppe vortragen, z. B.:

– Et ce rocher est ici pour casser mes skis.
– Mais moi, je ris quand se cassent mes skis.
– Je ne vois plus mes skis, où est-ce que je suis ?

Anschließend wird die Originalversion einschließlich der Moral von Zeile 8–13 vorgelesen. Die Spieler vergleichen den Originaltext mit ihren eigenen Ideen und entscheiden dann, welche Variante ihnen am meisten zusagt, und übernehmen diese für ihre weitere Arbeit.

Nun wird die Gesamtgruppe in zwei unterschiedlich große Gruppen aufgeteilt: eine große und eine kleinere Gruppe von etwa zwei bis drei Spielern, zu der ein Solospieler kommt. Die größere Gruppe, die Chorgruppe, probiert verschiedene Möglichkeiten aus, die Moral vorzutragen, z. B. zögernd, stotternd, mit getragenem Stimme. Die kleinere Gruppe inszeniert mit dem Solospieler die dritte Strophe, wobei der Solospieler z. B. den Monolog spricht und die Gruppe die berichtenden Passagen.

> Übung 2.3.3., S. 15.

Zum Schluss werden die Spielaktionen der beiden Gruppen zu einer Szene zusammengeführt.

3.4. A titre d'exemple : une mise en scène pour la fable.

Falls die Spieler die gesamte Szenenfolge durchspielen wollen, proben die Gruppen nochmals getrennt die einzelnen Szenen: den Auftritt der Skifahrer, das Vergnügen des Skifahrens, das Hindernis, den Fall, die Enttäuschung und die Moral. Dabei werden die Übergänge zwischen den Szenen gestaltet und die Textpassagen auf Chor und Solospieler verteilt.

Reizvoll ist es, beide Gruppen zusammen spielen zu lassen, wie es das folgende Beispiel zeigt. Hier wird das Thema *A l'école de ski* zur Grundsituation der Szenenfolge. Es treten zwei verschiedene Skischulgruppen auf, die im Wechsel agieren, wobei stets eine Gruppe im *tableau* verharrt und den Text spricht, während die andere sich bewegt. Der Solospieler übernimmt den Text des Monologs.

La situation de départ

Gruppe A und B treten nacheinander auf.

La 1ère strophe

Der Solospieler kommt in seiner Bewegung extrem agierend aus Gruppe B herausgefahren, worauf Gruppe A einfriert.

Dabei spricht Gruppe A die berichtende Passage der ersten Strophe, bleibt aber im *tableau* stehen. Währenddessen führt Gruppe B langsame Bewegungen aus, gleichzeitig mit dem Solospieler, dessen Bewegungen schneller sind. Wenn der Solospieler seinen Monolog zu sprechen beginnt, friert Gruppe B ein, Gruppe A macht Geräusche: « Schschsch »

La 2ème strophe

Beide Gruppen halten ihr *tableau*. Der Solospieler fährt weiter, während Gruppe B die ersten beiden Zeilen der zweiten Strophe spricht. Auf das Stichwort « un rocher » treten zwei Spieler aus der Gruppe A heraus und bilden einen Felsen, indem sie sich einander gegenübersetzen, den Oberkörper nach vorne beugen und die Arme zu einer Spitze verschränken. Auf das Stichwort « se dressa » kommen zwei weitere Spieler hinzu und verstärken den Felsen. Auf das Stichwort « soudain » vollendet ein Spieler das Felsgebilde, an dem sich nun der Skifahrer stößt, so dass er zu Boden fällt. Daraufhin spricht Gruppe B die beiden nächsten Zeilen. Der Fels löst sich mit den Worten « *Ce fut la fin de l'aventure* » auf, indem die Spieler in die Gruppe zurücktreten.

La 3ème strophe et la morale

Der Solospieler erhebt sich mit jeder Zeile seines Monologs ein Stück weiter vom Boden, bis er in seiner Endposition angekommen ist. In diesem Moment gerät Gruppe A langsam ins Schwanken, verstärkt allmählich ihre Körperbewegung und spricht dabei die Moral mit getragener Stimme:

Lors, lorsque, lorsqu'une, lorsqu'une chose, lorsqu'une chose nous dérange

Daraufhin stellen sich die Spieler der Gruppe B im Halbkreis auf, Hände auf den Knien, die Blicke einander zugewendet, und antworten schnippisch in einem Zug:

notre avis change.

4. Pour aller plus loin

Die folgenden Unterrichtsvorschläge (4.1 und 4.2) können alternativ eingesetzt werden bzw. sich ergänzen. Der erste Vorschlag führt zu einer eigenständigen Textproduktion der Schülerinnen und Schüler. Die Aufgabenstellung ist offen. Der zweite Vorschlag grenzt das Thema auf die sportliche Aktivität *le ping-pong* ein und bietet dafür einen Inszenierungsvorschlag. Das Thema *le vélo* wird als Beipiel zur Textarbeit mit hinzugezogen.

4.1. *Une réécriture poétique sur le modèle de la fable de Pierre Gamarra*

In einem ersten Schritt machen sich die Schülerinnen und Schüler in Partnerarbeit das Strukturprinzip der Fabel « Le ski » bewusst und tragen dann ihre Arbeitsergebnisse zusammen. Anschließend bilden sich zwei bis drei große Gruppen. Jede Gruppe wählt eine sportliche Aktivität aus, sammelt Ideen für eine Handlung und stellt nach dem Muster der „Ski-Fabel" Reimwörter und sprachliche Varianten zusammen. Auf der Grundlage dieser Sammlung, des Strukturschemas und des Originaltextes von Gamarra verfassen sie gemeinsam eine Fabel zu der gewählten sportlichen Aktivität.

Anregungen für die Textarbeit finden sich in den Kopiervorlagen *La structure de la fable* (KV 14) und *Comment faire une réécriture poétique de la fable* (KV 15).

4.2. *Une réécriture poétique sur le thème du ping-pong*

Die *réecriture poétique sur le thème du ping-pong* wird nach dem Muster der oben entwickelten Unterrichtsvorschläge erarbeitet, mit dem Unterschied, dass das Thema vorgegeben wird.

4.2.1. *Exercices préliminaires*

In der Phase der Hinführung erhalten die Spieler ausreichend Gelegenheit, mit den Lautverbindungen „ing" und „ong", die im Gedicht die Reime beherrschen werden, zu experimentieren, Positiv- und Negativreaktionen zu erproben und Spielaktionen zum Thema *le ping pong* zu erfinden. Die Grundidee zur Inszenierung der Fabel besteht darin, ein Tischtennisturnier zu zeigen, bei dem man einerseits zwei Tischtennisspieler, andererseits die Zuschauer des Turniers sieht. Zur Vorbereitung auf das Spiel der Tischtennispartner und auf das Spiel der Zuschauer sind folgende Übungen, die auf dem Prinzip Aktion/Reaktion bzw. Führen/Folgen beruhen, zu empfehlen:

- Spiegelübungen mit einem Partner
- Führen und Folgen als Partnerübung in verschiedenen Geschwindigkeiten und auf verschiedenen Ebenen
- Führen und Folgen als Gruppenübung mit einem Dirigenten. Die Gruppe folgt
- den Bewegungen des Dirigenten mit dem ganzen Körper, dann
- den Bewegungen seiner Hand mit dem ganzen Körper, dann
- den Bewegungen seiner Hand mit Kopf und Augen.

Zum Schluß wird die gemeinsame Bewegung von Kopf und Augen ohne Dirigent geübt.

- Tischtennisspielen mit einem realen, dann mit einem imaginären Ball.

> Übungen 4.5. und 4.6., S. 20.

4.2.2. Idée de mise en scène

Die Inszenierungsidee beruht auch hier auf dem Wechsel vor Chor- und Solospiel. Der Chor wird gebildet von den Zuschauern des Tischtennisturniers, die Solospieler sind die beiden sportlichen Gegner. Im Unterschied zur Fabel *Le ski* wird bei der Fabel *Le ping-pong* die Dynamisierung des Spiels vom Chor übernommen, die beiden Solospieler stehen vor dem Chor einander gegenüber, links und rechts von einer imaginären Tischtennisplatte, ausgerüstet mit Tischtennisschlägern.

Die Handlung wird in eine Szenenfolge gebracht, die Positiverlebnis, Hindernis, Negativerlebnis und Schluss enthält. Die Solospieler markieren neu einsetzende Aktionen wie den Aufschlag, den ersten Ballwechsel, das Aufheben des Balles vom Boden, indem sie zwei bis drei große Bewegungen ausführen, die Bewegung anhalten und so lange im *tableau* verharren, bis eine neue Aktion beginnt. Während der Bewegungspause der Solospieler sieht man die Kopfbewegungen des Chors. Sie zeigen die Bewegungen des imaginären Balls und die Dynamik des Ballwechsels. Gleichzeitig hört man die vom Chor produzierten Geräusche. Sie verdeutlichen ebenfalls die Ballbewegungen, z.B. das Auftitschen des Balles auf die Platte, das Herunterfallen und Weiterrollen.

Der Text wird abwechselnd vom Chor und den Solospielern gesprochen.

Jean de La Fontaine : Le corbeau et le renard
(fable)

Die Fabel von Rabe und Fuchs (KV 16) wird gern wegen ihrer klaren Handlungsstruktur, der pointierten Rede des Fuchses und der anschaulich formulierten, auf andere Situationen leicht übertragbaren Moral zur Einführung in die Textsorte Fabel genutzt. Der Stoff regt zum Weiterschreiben an. Den Schülerinnen und Schülern wird es nicht schwerfallen, eine eigene, aus ihrer Perspektive formulierte Rede über den Schmeichler zu verfassen oder der Fabelhandlung eine andere Wendung zu geben, und sie werden Spaß daran haben, sie in Szene zu setzen.

Die **erste Sequenz** bietet Anregungen zur sprachlichen Erarbeitung des Textes und zum kreativen Schreiben.

Die **zweite Sequenz** enthält Übungsmaterial für die Phase der Textaneignung.

In der **dritten Sequenz** wird das Memorieren des gesamten Textes mit Rhythmus- und Sprechübungen verbunden, die bereits Gestaltungselemente für die Spielaufgabe enthalten. Die letzte Übung bietet Anregungen zur Figurenfindung und zum Erspielen von Situationen, in denen der Text frei vorgetragen wird.

Die **vierte Sequenz** enthält drei unterschiedliche Vorschläge zur Inszenierung der Fabel.

1. A la découverte du texte

1.1. Découvrir l'histoire du corbeau, du renard et du fromage

Die Schüler finden sich mit einem Partner oder in Gruppen zusammen. Zur eigenständigen Erarbeitung der Fabelhandlung erhalten sie die Arbeitsblätter 17.1 und 17.2 mit einer Illustration der Fabel und zwei Aufgaben zur Wahl: Aufgabe 1 fordert zur Konstruktion einer Fabelhandlung auf, Aufgabe 2 zum Verfassen der Rede des Fuchses an den Raben.

1.2. Découvrir le texte initial de la fable de La Fontaine

Zur eigenständigen Erarbeitung des Originaltextes der Fabel finden sich die Schüler in Gruppen zusammen und bearbeiten eine der auf dem Arbeitsblatt *Pour découvrir le texte de la fable* (KV18) notierten Aufgaben.

- In Aufgabe 1 finden die Schüler auf der Grundlage eines Silbenrätsels die Endreime des Gedichts.
- In Aufgabe 2 vergleichen die Schüler die „Originalrede" des Fuchses mit ihren eigenen Textproduktionen, die sie in der vorangegangenen Phase verfasst haben.

Nach dem Vortrag der Gruppenergebnisse wird die Originalfassung La Fontaines gelesen. Die sich anschließende Diskussion führt zur Einigung auf einen Text, der den Schülerinnen und Schülern als Spielvorlage dienen wird.

2. Jouer avec la musicalité des éléments de la fable

2.1. La voix

Die Spieler stehen im Kreis und führen Übung 2.3.1., S. 13 durch. Als „Lautmaterial" dienen die Reimwörter *fromage, ramage, arbre perché*.

Dann bilden sich drei Gruppen, von denen die erste *fromage*, die zweite *ramage* und die dritte *arbre perché* auf ein Ausatmen spricht. Die Gruppen artikulieren ihre Sprechanteile zunächst nacheinander, dann im Kanon. Die Übung wird dreimal wiederholt, so dass jede Gruppe jeden Sprechanteil einmal übernimmt.

Anschließend gehen die Spieler durch den Raum und artikulieren dabei lang anhaltend einen Vokal ihrer Wahl. Sie konzentrieren sich zunächst auf den Klang des eigenen Vokals und nehmen dann auch die anderen Laute wahr. Nun suchen sie sich einen Partner, dessen Vokal ihnen gefällt und führen Übungen durch, bei der sie gleichzeitig Atem, Stimme und Rhythmus trainieren. Zuerst wird mit einem beliebigen Vokal gespielt, anschließend mit einem Satz oder einzelnen Wörtern aus einem Vers der Fabel. Diese Sätze/Wörter sprechen die Spieler fortlaufend, während sie langsame, rhythmische Bewegungen ausführen, z. B.: *Maître Corbeau sur un arbre perché* oder *Fromage, ramage, plumage*.

> Übungen 2.2.5., S. 12 und 2.2.6., S. 13.

2.2. Une séquence rythmée

Zum Schluss erfinden die Spielpartner auf der Basis der bisherigen Übungen eine kurze rhythmische Bewegungs- und Sprechfolge. Die Bewegungsabläufe und Sprechanteile werden einfach gestaltet. Nach einer kurzen Phase des Übens werden die Ergebnisse präsentiert.

3. Mémoriser le texte

3.1. Différentes façons de réciter la fable

Die Spieler gehen, den Text in der Hand, im Raum umher und sprechen dabei die Fabel so monoton und leiernd wie möglich. Dann bilden sie einen Kreis. Sie legen den Text beiseite und sprechen, singen, tanzen die ersten beiden Verse der Fabel zuerst gemeinsam nach den Vorschlägen des Spielleiters, dann spielen sie einzeln nach ihren eigenen Einfällen vor, z. B. *ennuyé, furieux, en sautant*.

> Übung 2.3.3., S. 14.

3.2. Récitation et rythme

Die Spieler verteilen sich im Raum, wieder den Text in der Hand. Der Spielleiter gibt auf dem Tamburin einen Rhythmus vor, die Spieler nehmen ihn auf und sprechen darauf den Text. Wenn sich die Spieler sicher fühlen, wird der Rhythmus langsam variiert.

Dann stellen sich die Spieler in zwei Reihen hintereinander auf. Der Spielleiter gibt einen Fünfer-Rhythmus vor, der von allen durch Bewegung, Klatschen und Schnipsen gehalten wird. Dann wird die Übung in folgenden Schritten weitergeführt:

- Eine Reihe hält den Rhythmus, die andere Reihe spricht in demselben Rhythmus den Text der Fabel.
- Jeder Spieler übernimmt eine Verszeile, die er spricht, wenn sie in der Abfolge der Verse an der Reihe ist. Alle Spieler halten gemeinsam den Rhythmus.

> Übung 3.4., S. 17.

3.3. Le concours de récitation

Die Spieler bilden für einen Wettkampf zwei Gruppen. Die Spieler jeder Gruppe ziehen einen bzw. zwei Streifen des zuvor vom Spielleiter zerschnittenen Fabeltextes, so dass in jeder Gruppe alle erszeilen auf alle Spieler verteilt sind.

Die Gruppen stellen sich voneinander getrennt an einer Seite des Raumes auf. Jeder Spieler merkt sich seine Verszeile, verständigt sich aber nicht mit den anderen, denn es kommt darauf an, dass die Spieler den Text der Fabel in der Originalversion rekonstruieren. Die Spieler mit der ersten Zeile starten gemeinsam, laufen zur gegenüberliegenden Seite und sagen, dort angekommen, ihren Textteil. Dann startet der Spieler mit der zweiten Zeile usw. Die Gruppe, die zuerst die letzte Verszeile ansagt, hat gewonnen.

3.4. *Réciter la fable dans différentes situations*

Zum Erspielen der folgenden Aufgaben werden drei Gruppen gebildet. Die Spieler üben die Rezitation der Fabel aus dem Gedächtnis, in der einen Gruppe, während sie etwas Unangenehmes riechen, in der anderen, während sie gegen ein lautes, störendes Geräusch ankämpfen, in der letzten, während sie sich im Spiegel betrachten und sich schön finden. Um die Spannung für das Vorspiel zu erhöhen, werden die Themen von den Gruppen im Losverfahren gezogen und den anderen nicht mitgeteilt.

In den Gruppen probiert jeder Spieler für sich alleine, welche Bewegungen, welche Gesten er ausführen möchte und wie seine Mimik sich dabei verändern kann. Allmählich kommt dann der Text hinzu, den sich die Spieler möglichst originalgetreu zu sprechen bemühen, aber ein *trou de mémoire* ist kein Missgeschick, sondern Anlass, spielerisch damit umzugehen: Mehrmaliges Ansetzen, Wiederholungen, Textauslassungen bereichern das Spiel und führen zu einer persönlichen Spielvariante.

Die Spielaktionen der einzelnen Spieler werden den anderen Gruppenmitgliedern vorgeführt und besprochen. Dann werden die Redeanteile der Fabel auf alle Spieler der Gruppe verteilt und ein Höhepunkt mit einer Pointe wird überlegt. Zum Schluss improvisiert die Gruppe ihre gemeinsame Spielaktion: Alle Spieler spielen gleichzeitig, aber jeder für sich, nicht für die Gruppe. Währenddessen spielt sich stets ein Spieler in den Vordergrund, wenn sein Textteil an der Reihe ist.

Beim Vorspiel der Gruppen stellen sich die Spieler dem Publikum zugewandt in einer Linie nebeneinander auf und zeigen ihre Improvisation. Die jeweiligen Spielaufgaben werden vom Publikum erraten.

4. Mise en scène de la fable

Drei Gestaltungsmöglichkeiten der Fabel werden zur Wahl gestellt. Zur Bearbeitung je einer Spielaufgabe bilden sich drei große Gruppen, der Spielleiter geht von Gruppe zu Gruppe, gibt Ratschläge, unterstützt Spielideen und berät sie vor allem bei der Strukturierung der Szenen.

Un rap

Situation de départ :
Die Fabel wird von zwei Kleingruppen, einer Rhythmusgruppe und einer Bewegungsgruppe, und einem Solospieler als Rap inszeniert. Die Rhythmusgruppe übernimmt die Rolle eines Chors, die Bewegungsgruppe die des Raben, der Solospieler spielt den Fuchs. Die Kleingruppen und der Solospieler haben verschiedene Textpassagen zu gestalten. Auf diese Weise wird die Szene durch den Wechsel von Rhythmus, Bewegung und Sprache strukturiert, und die Dialoge heben sich durch den Solospieler von den berichtenden Passagen ab.

Folgende Aufteilung der Aktionen wird vorgeschlagen:

- Rhythmusgruppe *(le chœur):*   Zeile 1, Zeilen 10–12
- Bewegungsgruppe *(les corbeaux):*   Zeilen 2–4
- Beide Gruppen gemeinsam: Zeilen 17–8
- Soli *(le renard):*   Zeilen 5–9, Zeilen 13–16

Mise en place des séquences
Die Spielgruppe findet zunächst einen synkopischen Rhythmus zu den Verszeilen der Fabel. Dann wird der Rhythmus durch Klatschen, Schnipsen, Stampfen, schließlich das Sprechen des Textes auf diesen Rhythmus gemeinsam eingeübt. Nun wird die Bewegung der Raben erprobt und eingeübt. Der Solospieler improvisiert auf den von der Gruppe vorgegebenen Rhythmus seinen Auftritt.

A titre d'exemple
Die Spielgruppe formiert sich in zwei Reihen auf einem Podest am hinteren Rand der Bühne. Der Basisrhythmus wird von der Rhythmusgruppe durch Schnipsen während der ganzen Szene gehalten. Auf die Zeilen 3 und 4 agiert die Bewegungsgruppe: drei Raben, einen Zylinder auf dem Kopf, den Oberkörper und die Arme vorgestreckt, treten aus der Gruppe heraus und bilden in der Bühnenmitte ein *tableau* in Form eines Dreiecks. Der Solospieler löst sich ebenfalls von der Gruppe und trägt die Rede des Fuchses zum Publikum gewandt im rhythmischen Sprechen und in rhythmischen Schritten vor. Am Ende von Zeile 12 lüften die

Raben ihre Zylinder, öffnen weit den Mund und sprechen ein coac aus, gleichzeitig fallen drei Stücke Käse zu Boden. Ehe der Solospieler weiterspricht, sammelt er die Beute ein. Auf die Zeilen 17 und 18 kommt die Bewegungsgruppe nach vorn, der Solospieler rezitiert weiter, und auf die Worte « qu'on ne l'y prendrait plus » treten Chor und Solospieler beiseite, so dass der Blick auf die Raben freigegeben wird, die, recht *honteux et confus*, alleine in der Bühnenmitte stehen.

Une récitation collective

Situation de départ

Eine Schulklasse muss die Fabel aufsagen und hat dabei so ihre Schwierigkeiten und Erfolge. Jeder Schüler und jede Schülerin ist einmal mit einer Textpassage an der Reihe. Die Art des Vortrags ist jeweils unterschiedlich zu gestalten. Schülerkommentare zu den Auftritten können eingebaut werden. Die Rezitation soll mit einer Pointe beendet werden.

Mise en place de la scène

Die Gruppe beginnt mit der Figurenfindung, indem jeder Spieler und jede Spielerin sich eine besondere Eigenschaft oder Tätigkeit ausdenkt und diese Besonderheit beim Gedichtvortrag zum Ausdruck bringt.

> Übung 6.1., S. 24.

Jeder Vorschlag wird vorgespielt, die anderen Gruppenmitglieder machen Verbesserungsvorschläge. Das Spielmaterial wird gesichtet, und die Rollen werden verteilt. Dann denken sich die Spieler eine Gruppenformation aus, legen die Reihenfolge der Einzelvorträge fest und verteilen die Zeilen des Gedichts auf die einzelnen Spieler. Aus der Entscheidung über den letzten Auftritt ergibt sich die Pointe der Szene. Zum Schluss üben die Spieler die Szene gemeinsam und improvisieren die Reaktion der Schülergruppe auf die Einzelvorträge der Schüler.

A titre d'exemple

Die Schülerinnen und Schüler sitzen in drei Stuhlreihen, die Blicke nach vorn ausgerichtet. Ein Schüler nach dem andern erhebt sich, sagt zwei Zeilen der Fabel auf und setzt sich wieder.

– Die erste Schülerin dreht und wendet ihren Kaugummi mehrmals beim Sprechen.
– Die andere kann sich beim Vortragen vor Lachen kaum mehr halten.
– Die nächste gähnt und schläfert damit ihre Nachbarn ein.
– Der nächste Schüler findet sich besonders schön und streicht sich deshalb mehrmals die Haare glatt.
– Eine Schülerin muss dringend den Raum verlassen und darf endlich gehen.
– Ein Schüler hört lieber Musik und hat deshalb seinen Walkman aufgesetzt, so dass er auch nicht mitbekommt, wenn er an der Reihe ist.
– Seinem Ersatzmann muss durch Flüstern eingeholfen werden, was nicht sehr viel weiterführt.
– Da nimmt sein Vorgänger ohne Aufforderung den Walkman ab und sagt die letzten beiden Zeilen fehlerfrei in einem Zug auf und fügt hinzu: « *Jean de La Fontaine* ».

« *Laissez-moi apprendre !* »

Situation de départ

Eine Schülerin muss bis zur nächsten Unterrichtsstunde die Fabel auswendig können. Das erweist sich aber als schwierig, weil sie von anderen Personen ständig gestört wird. Die Gruppe hat die Aufgabe, den Ort der Handlung festzulegen und die Auftritte der verschiedenen Personen mit einer bestimmten Tätigkeit zu verbinden. Außerdem ist die Reaktion des Mädchens zu gestalten: gleichbleibende Ruhe und inneres Kochen, sich steigernde Nervosität bis zum Wutausbruch oder schlussendliche Resignation oder...? In jedem Fall soll die Szene mit einer Pointe beendet werden.

Mise en place de la scène

Die Gruppe beginnt mit der Rollenverteilung und sammelt Ideen für mögliche Tätigkeiten der einzelnen Personen, die sofort erprobt werden. Die Darstellerin des Mädchens improvisiert als Erste ihre Spielaktion, die anderen Figuren kommen mit ihrer *intervention* dazwischen. Dann bespricht die Gruppe die einzelnen Spielaktionen und macht Verbesserungsvorschläge. Zum Schluss wird die Reihenfolge der Auftritte festgelegt und die Pointe herausgearbeitet.

A titre d'exemple

Die Spielgruppe entscheidet sich für den Spielort *Au café*. Ein junges Mädchen ist beschäftigt, den Text der Fabel auswendig zu lernen und versucht, sich von den anderen Gästen nicht stören zu lassen. Bei jedem *trou de mémoire* holt sie den Zettel mit dem Text der Fabel hervor, bis ein Gast am Nebentisch aufsteht, sich zu ihr setzt und ihr beim Lernen einhilft: « *Que vous êtes jolie ! Que vous me semblez belle !* » Nach einigen Versuchen bis zu Ende zu kommen, wird der Zettel zerknüllt, die beiden sehen sich an.

III.

Kopiervorlagen

Comment se dire bonjour

In Frankreich begrüßt man sich ein bisschen anders, als ihr das in Deutschland gewohnt seid. Kennt ihr euren Gesprächspartner, werden „bises" ausgetauscht: rechte Wange gegen rechte Wange, linke Wange gegen linke Wange. Dies zweimal, dreimal, viermal, je nachdem in welcher Region die Begrüßung stattfindet bzw. woher der Gesprächspartner kommt. Begrüßt ihr einen Unbekannten und/oder werdet ihm vorgestellt, dann werden wie in Deutschland Hände geschüttelt, und wenn es sich dabei um einen Erwachsenen handelt, wird er mit « Bonjour Madame/Mademoiselle/Monsieur » begrüßt, ohne dass man dabei den Nachnamen nennt.

Dire bonjour à des adultes

Celui/Celle qui prend la parole :	Celui/Celle qui répond :
– Bonjour, Madame/Monsieur. – Bonjour, Monsieur. Oui, merci. / Merci, ça va bien.	– Bonjour. – Bonjour, Max. Tu vas bien ?

Natürlich gibt es in Frankreich wie in Deutschland auch „Begrüßungsrituale" als Zeichen der Zusammengehörigkeit, besonders unter Jugendlichen, z. B. Fäuste/Handflächen gegeneinander schlagen, Schulter klopfen, usw.

Zur szenischen Gestaltung von Begrüßungsszenen unter Freunden könnt ihr solche Begrüßungsrituale ohne Worte erfinden und dann einen kurzen Wortwechsel einbauen. Anregungen zu Begrüßungsdialogen findet ihr in den folgenden Zusammenstellungen:

Se dire bonjour entre amis/jeunes

Celui/Celle qui prend la parole :	Celui/Celle qui répond :
– Salut ! – Salut, Patrick ! – Salut tout le monde. – Bonjour, Amal ! – Ça va ? / Tu vas bien ? – Ça va, toi ? – Ça va pas ?	– Salut ! – Salut, Max. – Salut, toi. – Bonjour, Camille. – Mmm. Ça va. / Oui, et toi ? – Pas vraiment, non. – Si, si, ça va très bien.

Die Begrüßung kann auch gleitend in einen kurzen Wortwechsel übergehen:

Celui/Celle qui prend la parole :	Celui/Celle qui répond :
– Excuse-moi, je suis en retard, je sais bien. – Où est ta copine ? Elle ne vient pas ? Dommage ! – Qu'est-ce qui t'arrive ? Tu en fais une tête ! – D'où tu sors ce tee-shirt ? Il te va bien. Il est chouette. – Beau pantalon ! C'est le tien ? – T'as reçu mon message / mon texto ?	– T'inquiète. Qu'est-ce qu'on fait ? T'as envie d'aller au ciné ? Ça te dit ? – On est plus ensemble. – Arrête ! / N'en parlons pas ! / C'est la déprime ! / Ça va pas du tout. – Il est pas mal, hein ? T'as raison ! – C'est celui de ma soeur. – Non, je n'ai plus d'unités sur mon portable.

© Ernst Klett Verlag GmbH – Stuttgart Düsseldorf Leipzig 2004

Comment prendre contact (1)

Kontaktaufnahmen im Alltag verlaufen unterschiedlich, je nach Ort, Situation, Anlass und Kommunikationsabsicht bzw. -bereitschaft der Partner. Die Kontaktaufnahme kann, muss aber nicht mit einer Begrüßung bzw. einer Begrüßungsformel verbunden sein.

Zur szenischen Gestaltung solcher Alltagsszenen entscheidet euch für einen Ort, eine Situation und eine Kommunikationsabsicht. Dann erfindet für euch (jeder für sich) eine Tätigkeit, die ihr in dieser Situation ausführen möchtet, z. B.:

– *dans le métro* : U-Bahnplan lesen, aufschauen, wieder hineinsehen, sitzen, aufspringen, sich wieder setzen, Nummer auf dem Handy wählen, ans Ohr halten, sprechen

– *à la cantine* : Schlange stehen / einen Platz suchen / probieren, wie das Essen schmeckt

– *au bureau* : den Computer bedienen / telefonieren / Aktenordner auf- und zuklappen

Übt die Szene so ein, dass sich die Tätigkeiten in einem bestimmten Rhythmus wiederholen. Baut dann eine Kontaktaufnahme ein. Wählt anschließend aus der folgenden Zusammenstellung einen Dialog aus, den ihr für eure Szene gebrauchen könnt, und ergänzt ihn nach euren eigenen Vorstellungen und Ideen.
Spielt zum Schluss die Szene in verschiedenen Stimmungen.

Dans le métro (version aimable)

Celui/Celle qui prend contact :

– Bonjour Madame. C'est le métro qui va au Louvre ?

– Excusez-moi, je peux m'asseoir ?

– C'est intéressant ce que tu lis ?

Celui/Celle qui répond :

– Oui, oui, c'est la bonne ligne. J'y vais aussi.

– Bien sûr. Attendez, j'enlève mon sac.

– Oui c'est bien ! Tiens, c'est ma station.

Dans le métro (version moins aimable)

Celui/Celle qui prend contact :

– Bonjour Madame. C'est le métro qui va au Louvre ?

– Excusez-moi, je peux m'asseoir ?

– C'est intéressant ce que tu lis ?

Celui/Celle qui répond :

– Je ne sais pas. Demandez à cette dame.

– Non, y a pas de place.

– Ça ne te regarde pas.

© Ernst Klett Verlag GmbH – Stuttgart Düsseldorf Leipzig 2004

Comment prendre contact (2)

A la cantine (version aimable)

Celui/Celle qui prend contact :

– Bonjour. Cette chaise est libre ?

– Bonjour. C'est bon ce que tu manges ?

– Bonjour. Tu peux me passer le pain, s'il te plaît ?

Celui/Celle qui répond :

– Oui, tu peux t'asseoir.

– Ouais. Ça va, comme d'habitude. Tu es nouveau ici ?

– Tiens, y en a plus ! Je vais en chercher.

A la cantine (version moins aimable)

Celui/Celle qui prend contact :

– Bonjour. Cette chaise est libre ?

– Bonjour. C'est bon ce que tu manges ?

– Salut, les filles. Où est le pain ?

Celui/Celle qui répond :

– Non, c'est la chaise de Christine.

– Goûte, tu verras. On t'a encore jamais vu(e) ici.

– Y en a plus.

Au bureau (version aimable)

Celui/Celle qui appelle :

– Allô ? Bonjour. Le bureau des objets trouvés ?

– Allô ? C'est l'office du tourisme ?

– Allô ? Bonjour madame. Je voudrais parler à Catherine.

Celui/Celle qui répond :

– Oui Monsieur. Qu'est-ce que je peux faire pour vous ?

– Non, Monsieur. C'est le salon de coiffure « Figaro ».

– Ne quittez pas, je vais voir. Je regrette, elle n'est pas là.

Au bureau (version moins aimable)

Celui/Celle qui appelle :

– Allô ? Bonjour. Le bureau des objets trouvés ?

– Allô ? C'est l'office du tourisme ?

– Allô ? Bonjour Madame. Je voudrais parler à Catherine.

L'employé(e) :

– Ouais.

– Encore vous !

– Elle est pas là.

Comment faire un poème

Für einen rhythmischen Sprechgesang oder einen Gestentanz eignen sich kurze Gedichte, die man durch Aneinanderreihen ganz einfacher sprachlicher Strukturen verfassen kann.
Wählt dazu ein sprachliches Muster, das ihr über eine, zwei oder auch mehrere Zeilen so variiert, dass sich ein Rhythmus ergibt, mit dem ihr arbeiten könnt. Schließt das Gedicht ab durch einen Überraschungseffekt: eine Frage, eine Antwort, einen Ausruf oder eine Umkehrung des Musters. Die folgende Zusammenstellung enthält Anregungen zur Gestaltung solcher Gedichte, deren Muster ihr übernehmen und mit eigenen Ideen füllen könnt:

– Pronomen und Adverbien:

Le la les *(bis)* Lui leur *(bis)* Où donc ? Secret !	Le la les *(bis)* Beaucoup de *(bis)* Peu peu très peu de	Celle-ci celle-là Celui-ci celui-là _____ _____	Son sa ses _____ _____ _____

– Verben im Infinitiv:

Partir, sortir *(bis)* Dormir, dormir Où ça ?	Lire, écrire *(bis)* Et dire _____	Jouer, _____ _____ _____

– Substantive:

Dans mon pays de France oui ! Y'a un soleil comme ça Et puis la mer comme ça Et des maisons comme ça Et des montagnes comme ça Et du parfum comme ça Et du bon vin comme ça Puis la tour Eiffel voilà	Dans mon pays de France oui ! Y'a _____ _____ _____ _____ _____ _____ _____	Avec André Je vais au café Avec Christine Je vais à la piscine Avec Benoît Je vais au cinéma Avec _____ _____ _____ Et puis, et puis La journée est finie

Elodie Rousseau : Bonjour tout le monde. Textes parlés, rythmés, scandés, chantés für Französisch ab Klasse 3. Berlin 2002. Berliner Landesinstitut für Schule und Medien.

– konjugierte Verben:

je roule tu roules il roule nous roulons vous roulez ils n'ont plus d'essence PEF, « Verbe rouler » in *L'Ivre de français* © Editions GALLIMARD	je sonne tu sonnes il sonne nous sonnons vous êtes sourds ? ils ne sont pas là ! PEF, « Verbe sonner » in *L'Ivre de français*, © Editions GALLIMARD	Je fume Tu fumes _____ _____ _____ _____

– Verneinungen

Noir n'est pas blanc Là-bas n'est pas ici Petit n'est pas grand Ici n'est pas là-bas Rouge n'est pas gris Maman n'est pas papa (Découvertes)	Roux n'est pas blond Mardi n'est pas lundi Carré n'est pas rond Elle n'est pas lui _____ _____

« Il était un petit navire »

1ère strophe

Il était un petit navire (bis)
Qui n'avait ja-ja jamais navigué (bis)
Ohé Ohé
Ohé Ohé matelots, la frégate glisse sur les flots.

2ème strophe

Il entreprit un long voyage (bis)
Sur la mer Mé- Mé- Méditerranée (bis)
Ohé Ohé
Ohé Ohé matelots, la frégate glisse sur les flots.

3ème strophe

Au bout de cinq à six semaines (bis)
Les vivres vin- vin- vinrent à manquer (bis)
Ohé Ohé
Ohé Ohé matelots, la frégate glisse sur les flots.

4ème strophe

On tira à la courte paille (bis)
Pour savoir qui, qui, qui serait mangé (bis)
Ohé Ohé
Ohé Ohé matelots, la frégate glisse sur les flots.

5ème strophe

Le sort tomba sur le plus jeune (bis)
C'est donc lui qui, qui qui fut désigné (bis)
Ohé Ohé
Ohé Ohé matelots, la frégate glisse sur les flots.

6ème strophe

Il fit au ciel une prière (bis)
Interrogeant, geant, geant l'immensité (bis)
Ohé Ohé
Ohé Ohé matelots, la frégate glisse sur les flots.

7ème strophe

O Sainte Vierge, ô ma patronne (bis)
Cria le pau, pau, pauvre infortuné (bis)
Ohé Ohé
Ohé Ohé matelots, la frégate glisse sur les flots.

8ème strophe

« Si j'ai péché, vite pardonne, (bis)
Empêche-les, les, les de me manger. » (bis)
Ohé Ohé
Ohé Ohé matelots, la frégate glisse sur les flots.

9ème strophe

Au même instant un grand miracle (bis)
Pour l'enfant fut, fut, fut réalisé (bis)
Ohé Ohé
Ohé Ohé matelots, la frégate glisse sur les flots.

10ème strophe

Des p'tits poissons dans le navire (bis)
Sautèrent par, par, par et par milliers (bis)
Ohé Ohé
Ohé Ohé matelots, la frégate glisse sur les flots.

11ème strophe

On les prit, on les mit à frire (bis)
Le jeune mou- mou- mousse fut sauvé. (bis)
Ohé Ohé
Ohé Ohé matelots, la frégate glisse sur les flots.

12ème strophe

Si cette histoire vous amuse (bis)
Nous allons la, la, la recommencer (bis)
Ohé Ohé
Ohé Ohé matelots, la frégate glisse sur les flots.

Die Noten dazu finden im Internet, z. B. unter:
http://www.ebr.com.fr/BOUTIQUE/catalog.php?action=showitem&numart=EBR052

L'histoire du petit navire

5

Der Arbeitsbogen gibt euch eine Idee von der Geschichte des Liedes « Il était un petit navire ».
Die folgenden Vignettenreihen enthalten in ungeordneter Reihenfolge die Stationen der Handlung.
Eure Aufgabe ist es, aus diesen Angaben die Geschichte des « petit navire » zu rekonstruieren.

1. Bringt erstmal die Vignetten in die richtig Reihenfolge.

On fait cuire les poissons	Le mousse fait une prière	Les matelots tirent à la courte paille	Beaucoup de poissons sautent	Le jeune mousse est sauvé
Il n'y a plus rien à manger sur le bateau	C'est le plus jeune qui est choisi	Un grand miracle se produit	Le bateau part pour un long voyage	Qui va être mangé ?

2. Erzählt auf dieser Grundlage die Geschichte des « petit navire » auf französisch.

_____
_____
_____
_____
_____
_____

3. Ordnet folgende Objekte und Kleidungsstücke den verschiedenen Rollen zu.

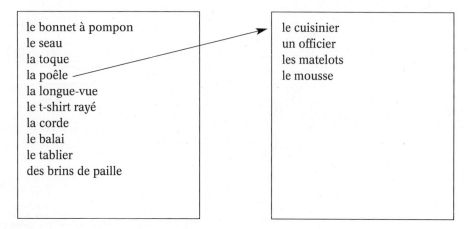

le bonnet à pompon
le seau
la toque
la poêle
la longue-vue
le t-shirt rayé
la corde
le balai
le tablier
des brins de paille

le cuisinier
un officier
les matelots
le mousse

4. Überlegt, wie ihr die Geschichte vor der Klasse vortragen wollt.

© Ernst Klett Verlag GmbH – Stuttgart Düsseldorf Leipzig 2004

Vocabulaire autour du petit navire

Die « Liste de vocabulaire » enthält in ungeordneter Reihenfolge Vokabeln zum Lied « Il était un petit navire ».

1. Sortiert zunächst die Vokabeln, indem ihr sie unter den angegebenen Rubriken in die mind-map eintragt.
2. Formuliert dann zu jeder Rubrik drei Sätze, in denen die dort eingetragenen Vokabeln enthalten sind.
3. Ordnet und verbindet nun eure Sätze zu einer Geschichte mit dem Titel: « Il était un petit navire ».
   Überlegt, wie ihr eure Arbeitsergebnisse vorstellen wollt.

Liste de vocabulaire

« Oh Sainte Marie, oh Sainte Vierge ! » – glisser sur les flots – le pain – les matelots – les poissons – être mangé – le cuisinier – entreprendre un voyage – faire une prière – les boissons – avoir fait un péché – la frégate – être sauvé – avoir faim – le mousse – tirer au sort – les flots – « Ohé, ohé ! » – venir à manquer – le bateau – chanter – les pommes de terre – la Méditerranée

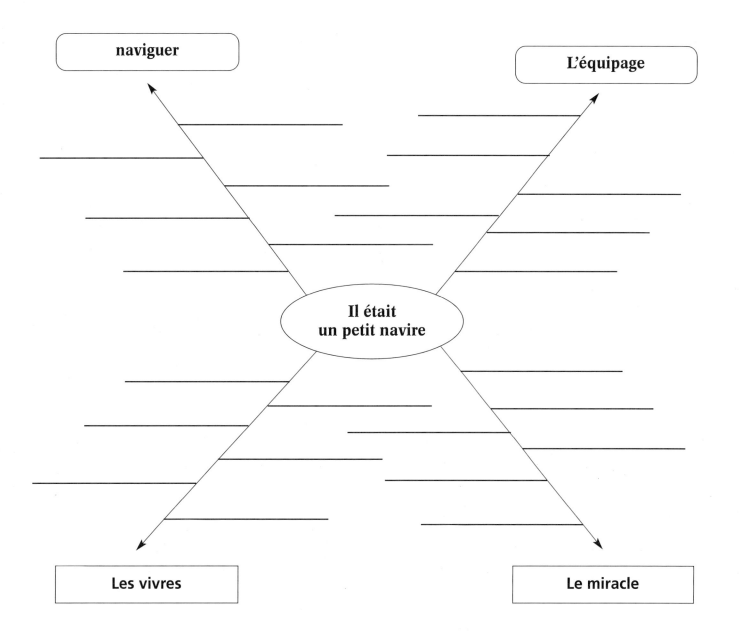

© Ernst Klett Verlag GmbH – Stuttgart Düsseldorf Leipzig 2004

L'emploi des temps dans « Le petit navire »

In dem chanson populaire « *Il était un petit navire* » wird als Zeit der Vergangenheit häufig das *passé simple* gebraucht. Das hat seine Gründe. Um den Handlungsverlauf der Geschichte besser zu verstehen, ist es von Vorteil, die Funktion dieser Zeitform zu durchschauen.
Außerdem: Für die Lektüre vieler Texte ist die Kenntnis einiger Formen *des passé simple* immer wieder wichtig. Und viele dieser Formen sind hier enthalten. Der Arbeitsbogen hilft euch beim Klären dieser Fragen.

1. Sucht für die in der Zeitschiene notierten Verben den passenden Infinitiv und tragt ihn in die Tabelle „Infinitivformen" ein.
2. Macht euch klar, wie die 3. Person Singular und Plural des passé simple der Verben auf -er gebildet wird.
3. Versucht anhand des Arbeitsbogens und eurer Kenntnisse über den Gebrauch des passé composé folgende Fragen zu klären:
   – Welchen Augenblick der Handlung betont diese Zeitform?
   – In welcher Art von Texten wird diese Zeitform vermutlich verwendet?
   – Tragt dann in die Tabelle die Verform im *passé composé* ein.
4. Überprüft eure Hypothesen anhand eurer Grammatik.
5. Überlegt, wie ihr eure Arbeitsergebnisse vortragen wollt.

Il **était** un petit navire

	Il **entreprit** un voyage.	Les vivres **vinrent** à manquer.	On **tira** à la courte paille pour savoir qui sera mangé.	Le sort **tomba** sur le plus jeune.	Il **fit** au ciel une prière.	Un grand miracle **fut** réalisé.	Des petits poissons **sautèrent** dans le navire.	On les **prit** et on les **mit** à frire.	Le matelot **fut** sauvé.
Infinitif									
passé composé									

© Ernst Klett Verlag GmbH – Stuttgart Düsseldorf Leipzig 2004

Axelle Red : Les voisins

Y a la femme du dernier étage
Qui a sept heures fait son ménage
La fille qui apprend le piano
Et le maniaque du marteau
Le chien des locataires d'en face
Qui aboie chaque fois que je passe

J'aime pas mes voisins
Leurs chiens leurs gamins
J'aime pas mes voisins
Et j'dois dire qu'ils m'le rendent bien

J'aime pas mes voisins
Leurs p'tits sourires en coin
Quand j'les croise le matin
Avec leur cabas, leur journal et leur pain
Non. J'aime pas mes voisins
Oh non
Non j'aime pas mes voisins

Y a cette vieille fille hystérique
Qui tape quand j'fais de la musique
Celle qui arrose ses rhododendrons
Dès que je bronze sur mon balcon
Et puis ce type a sa fenêtre
Qui me regarde qui me guette

Musik: Daniel Seff
Text: Richard Seff
© 1994 by Delabel Editions SARL / Banlieue Sud
Rechte für Deutschland, Österreich, Schweiz und Osteuropa (außer Baltikum):
EMI Music Publishing Germany GmbH & Co. KG

Fabienne Desmal est née à Hasselt (Belgique) en 1968.

A l'âge de 15 ans, elle se fait connaître avec un premier titre classé dans le Top 50 national. Peu après, elle interrompt ses études de droit et de théâtre pour devenir chanteuse sous le nom d'Axelle Red.

Flamande et francophone, Axelle Red fait carrière dans les deux cultures. Sa musique, souvent teintée de soul, va connaître le succès dès son premier album *Sans plus attendre,* paru en 1993.

Suit alors une carrière internationale : elle enthousiasme le public français aux Francofolies de La Rochelle, enregistre un disque à Nashville (USA), chante en duo avec le Sénégalais Youssou N'Dour, et part en tournée dans le monde entier.

En 1999, elle est nommée interprète de l'année aux « Victoires de la musique ».

Ils m´énervent, ces voisins parce que ...

Nachbarn können ganz schön nerven. Die folgende Tabelle gibt Anregungen, Ärger über nervende Nachbarn zu formulieren und damit zu spielen. Dabei könnt ihr wie folgt vorgehen:

1. Ergänzt in eurer Gruppe jede einzelne Rubrik der Tabelle durch weitere Beispiele.

Qui ?	Où ?
Le voisin d'à côté La dame d'en face	dans la cour sur la terrasse dans l'ascenseur
Quand ?	**Comment ?**
tôt le matin le dimanche à l'heure de la sieste	pousser des cris faire marcher la chaîne hifi trop fort faire la fête
Réactions de la personne dérangée	
J'en ai assez ! J'en ai marre Il me casse les pieds celui-là ! J'peux plus supporter ce bruit ! C'est insupportable !	

2. Sucht euch dann (jeder für sich) eine Person, einen Ort, einen Zeitpunkt, eine nervende Aktivität und einen Ausruf aus. Formuliert auf dieser Grundlage euren Ärger.
3. Improvisiert auf französisch in eurer Gruppe folgende Szene:
Die Mieter eines Wohnhauses treffen zufällig ihren Vermieter im Treppenhaus und fangen an, sich über ihre Nachbarn zu beschweren.
Präsentiert eure Ergebnisse.

Boby Lapointe : Ta Katie t'a quitté (Texte original)

Ce soir au bar
De la gare
Igor hagard est noir
Il n'arrêt' guèr de boir'
Car sa Katie, sa jolie Katie vient de le quitter.
Sa Katie l'a quitté
Il a fait chou blanc
Ce grand duc avec ses trucs, ses astuces, ses ruses
de Russe blanc
« Ma tactique était toc » dit Igor qui s'endort,
Ivre mort au comptoir
Du bar.
Un Russe blanc qu'est noir
Quel bizarre hasard se marr'nt
Les fêtards paillards du bar.
Car encore Igor y dort
Mais près d'son oreille
Merveille un réveil vermeil
Lui prodigue des conseils
Pendant son sommeil :

Tic tac tic tac
Ta Katie t'a quitté
Tic tac tic tac
Ta Katie t'a quitté
Tic tac tic tac
T'es cocu, qu'attends-tu?
Cuites-toi, t'es cocu
T'as qu'à t'cuiter
Et quitter ton quartier
Ta Katie t'a quitté
Ta tactique était toc
Ta Katie t'a quitté.
Otes ta toque et roques
Ton tricot tout crotté
Et ta croûte au couteau
Qu'on t'a tant attaqué
Contre un tacot coté
Quatre écus tout compté
Et quittes ton quartier
Ta Katie t'a quitté
Ta Katie t'a quitté
Tout à côté, des câtins décaties taquinaient un cocker coquin.
Et d'étiques coquettes, tout en tricotant, caquettaient et discutaient et critiquaient
Un comte toqué, qui comptait en tiquant, tout un tas de tickets
De quai
Quand tout à coup... Tic Tac tic... Brrrrrrrrrr.......

« Oh matin quel réveil
Mâtin quel réveil-matin »
S'écrie le Russe blanc de peur
« Pour une sonnerie
C'est une belle çonnerie !... »

Robert Lapointe naît le 16 avril 1922 à Pézenas, un village de l'Hérault. Enfant, il rêve de devenir pilote de chasse, mais ses mauvaises notes à l'école lui laissent peu d'espoir de réussite.
En 1943, il est forcé à faire son Service de Travail Ouvrier en Allemagne. Il s'évade et revient à Pézénas en mai 1944.
Ses débuts d'auteur commencent en 1951, lorsque paraît « Les douze chants d'un imbécile heureux ». Mais le succès et l'argent ne sont pas au rendez-vous et il doit travailler comme électricien. Il continue cependant à écrire.
En 1959 il est repéré par François Truffaut qui lui demande d'interpréter deux chansons pour l'un de ses films. Sa carrière est lancée : il se produit à L'Olympia et à Bobino et fait même des tournées en France et à l'étranger.
Boby Lapointe meurt en 1972 à Pézenas.

Musik: Boby Lapointe
Text: Boby Lapointe
© 1975 Warner Chappell Music France (ex Société des Editions Musicales Tutti) 29 avenue Mac Mahon 75017 PARIS

Facile ou difficile ?

Was dem einen leicht fällt, fällt dem anderen schwer... Finde anhand der genannten Beispiele unter deinen Klassenkameraden möglichst viele Gleichgesinnte heraus. Gehe dazu wie folgt vor:

1. Trage in der oberen Tabelle je vier Aktivitäten ein, die für dich eher leicht bzw. eher schwer auszuführen sind.

Pour moi, c'est facile de/d'	Pour moi, c'est difficile de/d'
1.	1.
2.	2.
3.	3.
4.	4.

2. Finde für jede deiner Aktivitäten einen Klassenkameraden, der derselben Ansicht ist wie du, indem du fragst:
   « Est-ce que, pour toi aussi, c'est facile/difficile de... ? »

3. Trage ihre Namen unter der entsprechenden Rubrik der unteren Tabelle ein.
   Wer zuerst acht Namen eingetragen hat, beendet als Siegerin/Sieger das Interview.

C'est aussi facile pour	C'est aussi difficile pour
1.	1.
2.	2.
3.	3.
4.	4.

4. Formuliert für die drei Aussagen mehrere Begründungen.

Pourquoi est-il facile de...	Pourquoi est-il difficile de... ?	C'est parce que...
... manger des tartines bien beurrées ?		... tu n'aimes pas le camembert.

© Ernst Klett Verlag GmbH – Stuttgart Düsseldorf Leipzig 2004

Cendrillon en bande dessinée

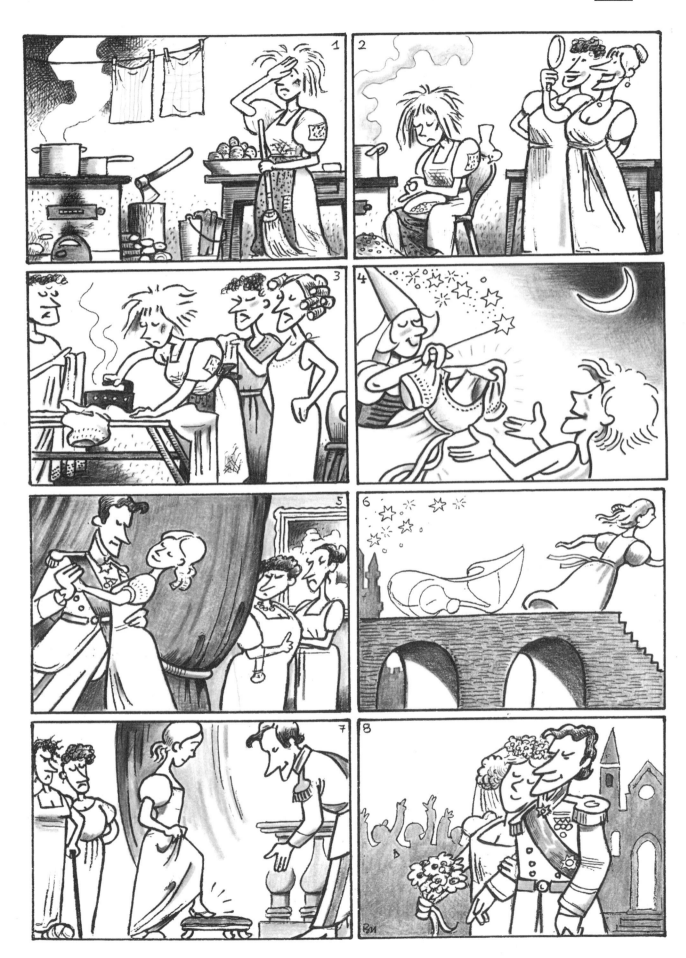

Pierre Gamarra : Le ski

Première strophe :

>Un garçon glissant sur ses skis
>disait : « Ah ! le ski, c'est exquis ;
>Je me demande bien ce qui
>est plus commode que le ski ».

Deuxième strophe :

>Comme il filait à toute allure,
>un rocher se dressa soudain.
>Ce fut la fin de l'aventure.
>Il s'écria plein de dédain :

Toisième strophe :

>« Vraiment, je ne suis pas conquis;
>Je n'ai bu ni vin ni whisky
>et cependant je perds mes skis.
>Non, le ski, ce n'est pas exquis. »

La morale :

>Lorsqu'une chose vous dérange,
>votre avis change.

in *La Mandarine et le Mandarin*, © Editions la Farandole, Paris

La structure de la fable « Le ski »

Macht euch anhand des folgenden Schemas die Struktur der Fabel von Pierre Gamarra bewusst.
Geht dabei wie folgt vor:

1. Unterstreicht im Text diejenigen Passagen, die zu den Oberbegriffen und Erläuterungen der ersten beiden Spalten passen.
2. Tragt die Textbeispiele in die dritte Rubrik ein.

Le thème :	une activité sportive	Exemples pris du texte *le ski*
Le protagoniste :		
L'action :	une expérience positive :	
Le tournant :	un obstacle : la conséquence :	
Les émotions :	l'euphorie la déception	
La morale :	un commentaire	
La rime	une voyelle qui revient souvent dans les rimes rimes contenant cette voyelle	

3. Was fällt euch an der Struktur der Fabel auf? Notiert eure Ergebnisse in Stichworten.

© Ernst Klett Verlag GmbH – Stuttgart Düsseldorf Leipzig 2004

Comment faire une réécriture poétique de la fable

Kurze, klar strukturierte Gedichte eignen sich besonders als Vorlage für eigene Produktionen.
Für eine solche *réécriture poétique* der Fabel *Le ski* von Pierre Gamarra könnt ihr wie folgt vorgehen:

1. Einigt euch in eurer Gruppe auf ein sportliches Thema und sammelt Ideen für das Gedicht nach dem Strukturmuster der Fabel *Le ski*.
2. Tragt die Ergebnisse in die Strukturtabelle ein.
3. Ergänzt die letzte Rubrik durch möglichst viele Reimwörter.

Le thème :	une activité sportive	
Le protagoniste :		
L'action :	une expérience positive :	
Le tournant :	un obstacle :	
	la conséquence :	
Les émotions :	l'euphorie :	
	la déception :	
La morale :	un commentaire :	
La rime :	une voyelle qui revient dans les rimes :	
	rimes contenant cette voyelle	

4. Formuliert nun die drei Strophen des Gedichts und zum Schluss die Moral.

Jean de La Fontaine : Le corbeau et le renard

Maître corbeau, sur un arbre perché,
Tenait en son bec un fromage.

Maître renard, par l'odeur alléché,
Lui tint à peu près ce langage :

« Hé ! bonjour Monsieur du Corbeau,
Que vous êtes joli ! que vous me semblez beau !
Sans mentir, si votre ramage
Se rapporte à votre plumage,
Vous êtes le phénix des hôtes de ces bois. »

A ces mots, le corbeau ne se sent pas de joie;
Et pour montrer sa belle voix,
Il ouvre un large bec, laisse tomber sa proie.

Le renard s'en saisit, et dit: « Mon bon Monsieur,
Apprenez que tout flatteur
Vit aux dépens de celui qui l'écoute :
Cette leçon vaut bien un fromage, sans doute. »

Le corbeau, honteux et confus,
Jura, mais un peu tard, qu'on ne l'y prendrait plus.

Jean de La Fontaine

Pour inventer l'histoire du corbeau et du renard (1)

Die Illustration der Fabel zeigt einen Ausschnitt aus der Geschichte vom Fuchs und dem Raben.
Sammelt zunächst anhand der Illustration Ideen für die Geschichte, die sich zwischen den beiden abspielt.

Pour décrire une illustration

L'image	représente…	En regardant cette photo	on a l'impression que…
Le dessin	montre…	Face à la scène représentée,	on imagine que…
Le tableau	illustre met en scène		

Au premier plan — se trouve…
Au second plan — se dresse
A l'arrière-plan — il y a…
Au centre / Au milieu — on | voit
En haut | à droite | reconnaît
En bas | à gauche | distingue

Ce que je trouve | intéressant, | c'est (que)
Ce qui est | étonnant,
 | curieux,
 | bizarre,

© Ernst Klett Verlag GmbH – Stuttgart Düsseldorf Leipzig 2004

Pour inventer l'histoire du corbeau et du renard (2)

Entscheidet euch für eine der folgenden Aufgaben:

1. Ordnet zuerst die *éléments de l'histoire* dem Raben und dem Fuchs zu und bringt sie in eine Reihenfolge, die euch logisch erscheint. Erzählt mit Hilfe dieser Textelemente die Geschichte vom Fuchs und dem Raben auf französisch.

- laisser tomber
- être assis sur un arbre
- avoir faim
- tenir un discours flatteur
- avoir un morceau de fromage
- saisir le fromage
- ouvrir son bec
- s'approcher de l'arbre
- sentir le fromage
- se moquer de
- avoir honte
- jurer

Le corbeau

Le renard

_____
_____
_____
_____
_____
_____
_____
_____
_____

2. Versetzt euch in die Lage des Fuchses. Ihr habt Hunger und wollt unbedingt an das Stück Käse heran, das der Rabe im Schnabel hält. Dazu müsst ihr Überzeugungsarbeit leisten. Was sagt ihr dem Raben? Formuliert die Rede des Fuchses auf französisch.

_____
_____
_____
_____
_____
_____
_____
_____

© Ernst Klett Verlag GmbH – Stuttgart Düsseldorf Leipzig 2004

Pour découvrir le texte de la fable

Ihr kennt die Geschichte vom Raben, dem Fuchs und dem Käse. Aber ihr kennt noch nicht den Originaltext von *La Fontaine*. Macht euch mit einer der folgenden Fragen auf Entdeckungsreise.

1. Findet die Reimwörter des Gedichts, indem ihr mit Hilfe folgender Silben bzw. Wörter den Lückentext ergänzt:

> plus – fus – doute – ché – mage – gage – sieur – coute – beau – proie – mage – joie – beau – bois – mage – voix – teur – ché

1 Maître corbeau, sur un arbre per_____ ,
2 Tenait en son bec un fro_____ .

3 Maître renard, par l'odeur allé_____ ,
4 Lui tint à peu près ce lan_____ :

5 « Hé! bonjour Monsieur du Cor_____ ,
6 Que vous êtes joli ! que vous me semblez _____ !
7 Sans mentir, si votre ra_____
8 Se rapporte à votre plu_____ ,
9 Vous êtes le phénix des hôtes de ces _____ . »

10 A ces mots, le corbeau ne se sent pas de _____ ;
11 Et pour montrer sa belle _____ ,
12 Il ouvre un large bec, et laisse tomber sa _____ .

13 Le renard s'en saisit et dit : « Mon bon Mon_____ ,
14 Apprenez que tout flat_____
15 Vit aux dépens de celui qui l'é_____ :
16 Cette leçon vaut bien un fromage, sans _____ . »

17 Le corbeau, honteux et con_____ ,
18 Jura, mais un peu tard, qu'on ne l'y prendrait _____ .

2. Vergleicht den Originaltext:
 « *Hé ! bonjour Monsieur du Corbeau. Que vous me semblez joli ! Que vous me semblez beau ! Sans mentir, si votre ramage se rapporte à votre plumage, vous êtes le phénix des hôtes de ces bois.* »
 mit den von euch erfundenen Schmeichelreden des Fuchses. Notiert eure Ergebnisse auf deutsch.

IV.

Glossar

Vocabulaire fondamental du theâtre

I. Le corps

la position zéro (*Nullstellung*) :
Position de départ pour de nombreux exercices de travail corporel. Cette position de neutralité permet de contrôler la rectitude verticale du corps et d'éliminer les attitudes individuelles. C'est une attitude d'acceptation. L'état de départ doit être la neutralité dans l'attitude du corps comme dans l'expression du visage et ne doit traduire ni une manière d'être ni une manière de sentir, permettant une disponibilité à interpréter et à s'installer dans une émotion.
3 positions sont possibles : debout, assis sur une chaise et allongé au sol.

l'échauffement corporel :
Ensemble d'exercices physiques qui constituent la base du travail corporel. L'échauffement corporel apporte détente et concentration, il met l'acteur en disponibilité d'écoute, d'acceptation de l'autre et marque, de façon active, l'entrée dans le travail en expulsant les tensions accumulées.

l'isolation :
Les exercices d'isolation ont pour but de concentrer l'attention sur un point spécifique du corps, en isolant cette partie du corps et en la mettant en mouvement dans le plus grand nombre possible de formes. La position de départ est toujours la position zéro.

II. L'espace

L'espace influence le jeu du comédien. Les jeux dans l'espace permettent de prendre conscience de l'espace scénique, de l'enregistrer visuellement et mentalement pour mieux l'occuper. Les exercices favorisent le contact et sensibilisent pour la présence de l'autre. Ils permettent de mieux voir la place de chacun dans le groupe et d'aider le groupe à s'harmoniser.

III. La respiration et la voix

Elle se fait sur 3 temps bien distincts : l'inspiration, la rétention du souffle et l'expulsion de l'air ou expiration. En inspirant, l'abdomen se gonfle, en expulsant l'air, il s'affaisse.

la respiration abdominale :
Si on place la main sur l'abdomen, on constate que la main se soulève lorsque l'air est aspiré. L'exercice peut se faire allongé au sol ou debout.

la respiration thoracique :
En aspirant par le nez, l'air entre dans les poumons du bas jusqu'en haut.

l'échauffement vocal :
Ensemble d'exercices vocaux qui favorisent le déblocage vocal. Ils aident à apprendre à mieux placer et moduler la voix.

l'intonation :
Trouver l'intonation appropriée à une situation choisie, au sentiment recherché. Travailler l'aspect phonétique des mots. Faire un choix entre plusieurs façons de dire. Donner un sens à un texte.

IV. Le mouvement et le rythme

l'échauffement rythmique :
Ensemble d'exercices rythmiques pour entraîner le déblocage du corps.

la séquence de mouvements :
Choix de mouvements exercés au préalable séparément en les isolant, mis ensuite dans un certain ordre puis répétés plusieurs fois en essayant de sentir les muscles qui sont activés pour la réalisation du mouvement. La série de mouvements est enchaînée de façon à pouvoir être travaillée et reproduite en boucle.

la séquence de mouvements en continu :
Le groupe imite un mouvement proposé, le fait évoluer, progresser, monter, varier, en amplifie ou diminue l'intensité, transformant ainsi le mouvement en une machine rythmique gestuelle.

la séquence rythmée :

Répétition d'un rythme de deux, trois, quatre, cinq temps ou plusLe rythme peut partir d'une suite de sons ou de mots ou être réalisé en frappant dans les mains, avec les pieds…
Il peut encore être suscité par une musique. La séquence rythmée se répète et est enchaînée toujours sur le même tempo.

La séquence sonore rythmée en continu

Le groupe essaie de reproduire exactement le son ou le bruit proposé, accompagné ou non d'un mouvement, le fait évoluer, progresser, monter, varier, en amplifie ou diminue l'intensité, le dynamise, lui donne un rythme en intégrant aussi des pauses de silence, transformant ainsi ce son/ce bruit en une machine rythmique sonore.

V. Le principe du tableau vivant

le mouvement figé/le geste gelé

Technique de l'instantané. Le geste ou le corps en mouvement s'immobilise instantanément et reste un certain temps dans cette attitude, sans vaciller. Seule la respiration garde son flux naturel et régulier.
La freeze favorise la recherche du propre équilibre et sensibilise pour les poses expressives, les positions non formelles et non coutumières.

la statue

Créer avec son corps une image figée montrant ou suggérant une statue ou une photo. Les participants se déplacent sur l'aire de jeu. Quand un des joueurs s'immobilise, les autres joueurs figent eux aussi instantanément leur mouvement. Puis le groupe se remet spontanément en mouvement, sans consigne, jusqu'à ce qu'un autre joueur s'immobilise, ce qui entraîne automatiquement l'immobilisation de tous les autres.
La statue peut se construire en un temps ou par étapes intermédiaires, à partir d'un signal sonore, visuel ou d'une consigne de jeu.

la statue sculptée

Modeler un partenaire en utilisant son corps comme s'il était une poupée articulée pour lui faire prendre des positions plus ou moins inhabituelles, évoquant ainsi une statue. Les membres à modeler doivent être complètement souples, sans réaction et n'obéir qu'à la force de gravité et aux poussées légères ou suggérées du sculpteur.

le tableau vivant

Ensemble de joueurs en freeze sur une aire de jeu. Les attitudes figées et la répartition des joueurs dans l'espace suggèrent ainsi un tableau, un monument ou une photo. Chaque individu est la partie d'un tout qui doit être cohérent.
Le tableau peut se constituer en un temps ou se composer progressivement, en allant du tableau de départ au tableau d'arrivée. Il peut visualiser, faire ressortir ou reconstituer une situation, un thème, une idée, une pensée collective, se construire ou se développer à partir d'un thème donné, d'un fragment de texte ou d'un document (photo, peinture…).

VI. Le personnage

Le personnage se définit par une série de traits distinctifs. Créer un personnage (réel ou imaginaire), c'est lui donner une manière d'être et d'agir, un caractère (des sentiments, des émotions, un état d'âme, une voix, un passé, des habitudes…), des caractéristiques physiques (une démarche, une attitude, un tic…), un comportement social etc.
On peut créer son personnage à partir de sa propre observation, en copiant ou en s'identifiant à quelqu'un, en réalisant des interviews, en s'inspirant de documents écrits, filmés ou photographiés.

l'émotion, les états d'âme :

Manière d'être, d'agir, de ressentir.

le ton :

Ton que l'on prend en parlant. Trouver le ton approprié au sentiment recherché, à la situation choisie.

jouer :
C'est interpréter un personnage. Jouer suppose un choix d'interprétation et de construction.

improviser :
Créer, s'exprimer, construire, explorer au gré du développement de son imagination, sans contrainte extérieure, sur canevas ou avec consignes de travail, à partir d'un thème de travail proposé, imposé ou choisi par le joueur.
Une improvisation peut être déclenchée par un mot, à partir d'une musique ou d'un son; elle peut aussi se développer à partir de fragments de textes distribués ou tirés au sort, imposés ou formulés par les joueurs, à partir d'un objet imposé, réel ou imaginaire; elle peut aussi être déclenchée à partir d'un personnage imposé, à partir d'une situation de tableau vivant ou se développer entre un point de départ et un point d'arrivée imposés, avec intégration d'une contrainte narrative ou visuelle.

le langage dramatique :
Le dialogue, le monologue, la réplique, la tirade,
les didascalies (tout ce qui n'est pas dit par les personnages).

les registres :
Tragique, comique, pathétique.

VII. Les formes de techniques théâtrales

le théâtre d'ombres *(Schattenspiel)* :
Projections sur un écran ou une surface plane de silhouettes découpées ou de zones sombres crées par un corps qui intercepte les rayons d'une source lumineuse pour constituer un spectacle.

la lumière noire *(Schwarzlicht)*
Lumière ultraviolette qui ne réfléchit que le blanc (avec quelques réserves suivant la texture du support) et les couleurs fluorescentes. L'effet est impressionnant si la pièce ou la scène est suffisamment assombrie et si les acteurs sont habillés en noir (avec quelques réserves suivant la texture des tissus) et les objets manipulés peints en noir ou enveloppés dans du tissu noir. Le spectateur ne perçoit que les éléments isolés réfléchissants la lumière bleue qui donnent l'impression de danser, de se promener dans l'espace.

Le mot « la scène » :
Le mot « scène » a différents sens et différentes définitions. Quelques expressions qui permettent de mieux en saisir le sens :
- La scène représente une chambre.
- Observer de la fenêtre une scène de rue.
- Arriver sur la scène.
- L'acte comporte 3 scènes.
- Une scène d'amour.
- Mon copain m'a fait une scène !
- Proposer une mise en scène !